SECRET
de la
FORTUNE
par
CAPITAINE
LIBRAIRIE DELAGRAVE · 15 RVE SOVFFLOT · PARIS

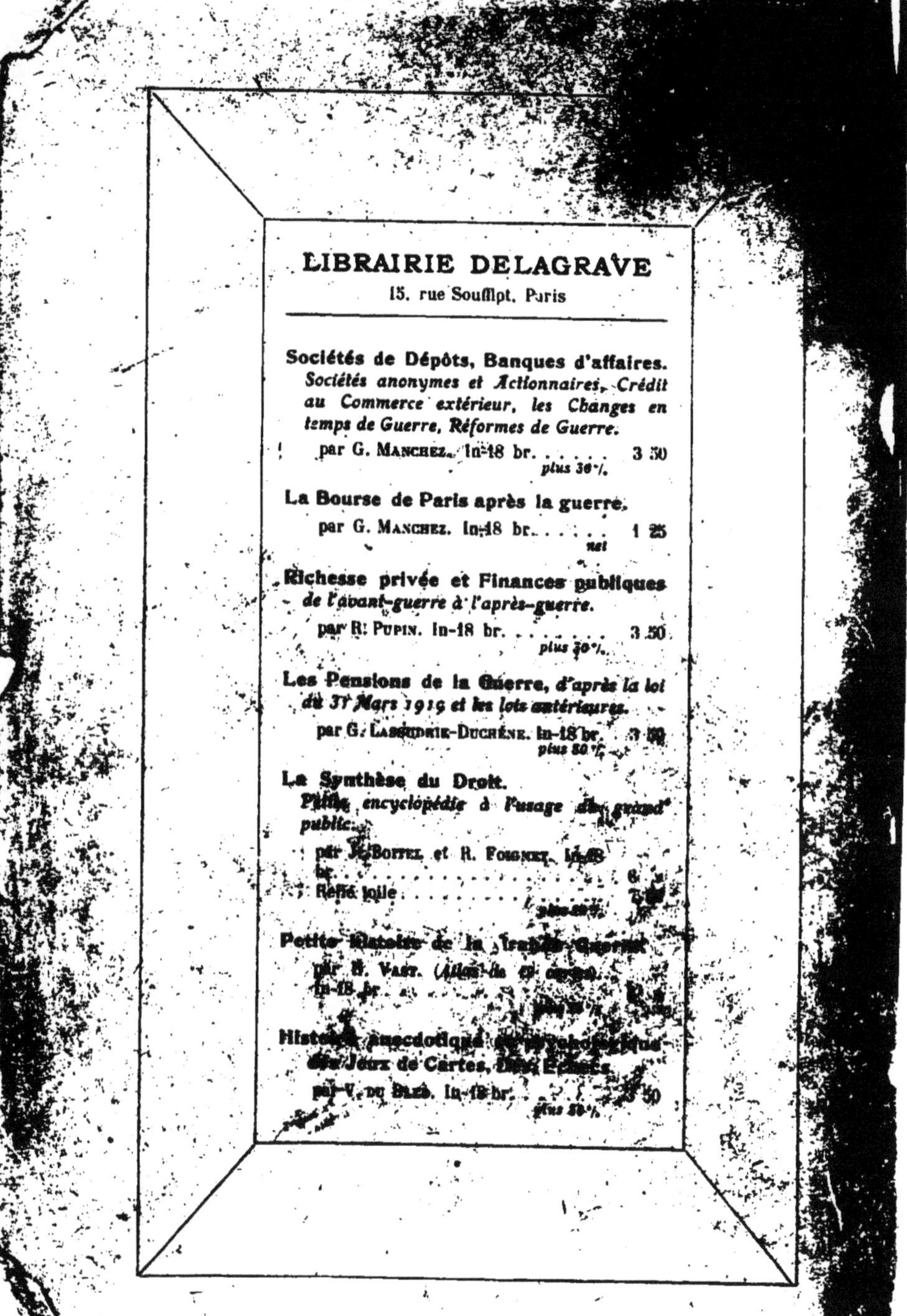

Le
SECRET
de la
FORTUNE
par la
PUBLICITÉ

PAUL POTTIER

Le Secret de la Fortune par la Publicité

PARIS

LIBRAIRIE DELAGRAVE

15, RUE SOUFFLOT, 15

1919

Aux Industriels, aux Négociants, aux Voyageurs, aux Représentants de Commerce, à tous ceux qui, en portant à l'étranger notre pavillon commercial et le produit de nos industries, deviennent en même temps les pionniers de la pensée française, je dédie ce livre.

P. P.

A LA GLOIRE DU PROGRÈS

Un jour, proche peut-être, se lèvera où le commerce et l'industrie devront sortir de l'apathie des vieilles habitudes qui leur sont chères, pour partir à la conquête du monde.

Pour ce combat, il faudra qu'ils s'arment de la Publicité.

Que nos commerçants et nos industriels jettent un regard autour d'eux. Ils verront ceci :

Depuis un demi-siècle environ, des usines, des maisons de commerce, des villes, des empires sont sortis de terre comme par enchantement. L'or est venu s'accumuler aux pieds d'hommes qui paraissaient doués de la puissance des magiciens.

Des peuples se sont transformés, des nations se sont éveillées au labeur et à l'activité. Le vieil équilibre des mondes s'est rompu et il a semblé qu'un autre soleil fécondait la terre. Une force nouvelle est née, en effet, qui a changé la face de l'Univers, bousculant les idées et les méthodes anciennes.

Cette force, c'est la Publicité.

Sur les champs de bataille économiques, elle a donné la victoire à ceux qui ont su la conduire.

Elle est l'arme moderne des peuples qui marchent au progrès et à la gloire.

Pour nous, Français, elle apparaît encore entourée de ténèbres redoutables. C'est ce mystère que nous allons percer, c'est ce voile que nous allons déchirer pour vous montrer la route lumineuse du succès qui s'ouvre devant vous.

Quand la nuit du doute et des légendes sera dissipée, la Publicité resplendira à vos yeux avec l'attrait d'une science exacte qui a ses lois, comme la balistique, et dont l'application précise régit la prospérité d'une maison et la fortune d'un homme.

Je n'ai pas le dessein de présenter un discours savant sur la science de la Publicité. Mes intentions sont plus simples et plus pratiques. Je me bornerai à travailler pour vous en bon technicien.

Je vous ferai examiner le puissant mécanisme de la Publicité, puis je le démonterai pièce par pièce pour vous mettre en quelque sorte chaque rouage dans la main. Je vous apprendrai à « remonter » chaque organe; vous saurez alors faire fonctionner vous-mêmes cette formidable machine à drainer les millions.

SECRET DE LA FORTUNE
PAR LA PUBLICITÉ

CHAPITRE PREMIER

CONSIDÉRATIONS GÉNÉRALES

Sous le feu des millions. — La publicité n'est ni américaine, ni anglaise, ni française, elle est universelle et, bien comprise, elle est à la portée de tous.

Si les peuples anglo-saxons ont fait d'elle leur arme favorite dans la lutte économique, c'est qu'ils ont été les premiers à reconnaître son extraordinaire puissance.

Les États-Unis dépensent actuellement 5 milliards par an pour la publicité, qui a commencé à se développer sur leur territoire à l'époque de la guerre de Sécession.

Une fabrique de balances, la maison Fairbank, qui faisait alors 15 000 francs de réclame, en fait aujourd'hui pour 3 millions et demi.

Cet énorme budget est toutefois une exception; la plupart des vastes entreprises américaines ne dépensent pas plus pour la publicité que les grands magasins de Paris, c'est-à-dire de 2 millions à 2 millions et demi, sommes très grosses, mais qui amènent plusieurs centaines de millions d'affaires à chaque maison.

Le *Bon Marché* et le *Louvre*, qui ont eu des débuts modestes, ont mis plus de cinquante ans pour atteindre leur apogée.

Les *Galeries* et le *Printemps*, qui ont employé une publicité plus intensive, ont connu un succès plus rapide.

La publicité est-elle ancienne? — Le principe de la publicité est aussi vieux que le commerce lui-même.

Le premier cri du marchand sur le premier marché, installé dans une bourgade de l'Inde antique, de l'Égypte, de la Grèce a été la première manifestation de la publicité.

Ce furent ensuite des inscriptions sur les murs, puis des enseignes. Au moyen âge et au xvii* siècle, les magistrats durent intervenir plusieurs fois pour réglementer les dimensions de celles-ci et en réprimer l'usage abusif.

Le xvi* siècle connut les annonces dans les almanachs.

Théophraste Renaudot, avant de créer la *Gazette de France*, notre premier journal, tenait un bureau d'annonces pour les offres et demandes d'emplois et pour les objets perdus.

La publicité existait depuis longtemps, mais sous une forme instinctive et inconsciente.

Il appartenait à notre époque d'établir que la publicité est une science, en déterminant les lois dont elle dépend et en formulant les règles qui la dirigent.

Définition de la publicité. — La publicité est la science qui consiste à faire connaître une chose pour tirer profit de cette connaissance.

Elle est le moyen par lequel un commerçant parle à des personnes éloignées, qu'il ne peut voir individuellement, et qu'il persuade de la supériorité de ses produits pour les décider à les acheter de préférence à tous autres.

La loi à laquelle obéit la publicité. — C'est la loi de la suggestion qui régit la publicité et détermine ses effets.

C'est la même loi qui opère dans les assemblées où la parole des orateurs électrise les foules.

On dit de la voix d'un orateur éloquent qu'elle est prenante, il faut que la publicité soit prenante aussi.

Elle doit convaincre le public qu'il a besoin de tel article et que celui-ci est supérieur à tous les autres. M. Louis Vergne, qui fut secrétaire général de la Chambre syndicale de la Publicité, a dit de cette science :

« Elle est la forme haute et développée de la suggestion. Elle donne au lecteur bonne opinion de l'objet annoncé, en crée le prestige, stimule le désir de possession et exerce une influence telle, qu'elle aboutit à l'achat volontaire du produit prôné par elle. »

Des moyens d'action. — Pour amener la suggestion, créez la conviction par la démonstration et la logique qui donnent naissance à la confiance.

Le public se laisse toujours persuader par un raisonnement qui le touche dans ses intérêts ou dans ses sentiments.

Le public, dans son ensemble, se montre bon et optimiste, il a besoin de croire. Il vous reste le soin de savoir affirmer.

Ayez donc confiance en vous, la confiance se gagne. Mais la persuasion n'opère sûrement que si elle est répétée.

La ténacité triomphe toujours de la résistance et de l'apathie.

Aussi les premières annonces rapportent-elles moins que les suivantes, insistez, elles font boule de neige.

Voici une sorte de barème qu'il convient de retenir :

Annonce insérée pour la première fois : le lecteur ne la voit pas.

Deuxième insertion : il la voit, mais ne la lit pas.

Troisième insertion : il la lit.

Quatrième insertion : il regarde le prix de l'article.

Cinquième insertion : il prend l'adresse.

Sixième insertion : il en parle à sa femme.

Septième insertion : il se décide à acheter.

Huitième insertion : il achète.

Neuvième insertion : il signale l'article annoncé à ses amis.

Dixième insertion : les amis en parlent à leurs femmes.

Onzième insertion : ces personnes lisent l'annonce.

Douzième insertion : elles se décident à acheter à leur tour.

Il ne faut voir dans cet exposé qu'une image qui met en valeur la force de la ténacité.

L'annonce doit être si bien faite qu'elle provoque des achats dès sa première apparition. Mais il est incontestable qu'elle ne produit son plein rendement qu'après plusieurs publications.

Multipliez l'insertion d'une annonce ou bien n'annoncez pas du tout.

Le travail social de la réclame. — Ce travail est considérable et il joue un rôle important dans la prospérité mondiale :

1° La publicité aide à la circulation de l'argent et crée des besoins nouveaux : Exemple : la machine à écrire, le bec à incandescence, la caisse enregistreuse, le stylographe, le talon en caoutchouc, etc. Elle est donc indispensable même à un trust ou à une compagnie exerçant un monopole, car la première condition du commerce est de faire connaître un article pour le vendre.

2° Pour un produit déjà en circulation, elle permet de lutter avec supériorité contre la concurrence. Elle efface le nom des rivaux, elle noue un lien directement entre le consommateur et le producteur et les affranchit tous deux des intermédiaires.

3° Elle constitue une clientèle propre à une marque ou une maison, clientèle fidèle que ne peuvent enlever pour leur compte ni les intermédiaires ni les employés.

4° Elle abaisse le chiffre des frais généraux en augmentant considérablement les ventes.

Celui qui ne fait pas de publicité a un chiffre de vente restreint. Ses frais se répartissent sur un plus petit nombre d'unités, il est obligé de vendre plus cher. Toute l'histoire des grands magasins est là pour certifier cette théorie.

5° Elle économise du temps, visite d'un seul coup des milliers de clients. Elle va partout, dans le plus petit village enfoui loin du chemin de fer et où il serait onéreux d'envoyer un voyageur. Elle est le pionnier d'une maison de commerce et se charge de présenter l'article, ce qui facilite la tâche du commis voyageur qui vient derrière elle comme un agent de conclusion. Il enlève l'affaire préparée par la publicité.

Retenez bien cette anecdote, elle vous ouvre les yeux sur un danger. — En fin de compte qui apporte l'argent au producteur? c'est le consommateur. Lui seul est son maître, à lui seul il doit essayer de plaire. Qu'il s'affranchisse donc par la publicité de toute tutelle.

Il y a quelques années, un fabricant de gants avait fait agréer ses articles par une grande maison de détail. Celle-ci, satisfaite de ses produits, lui proposa de devenir son unique fournisseur à la condition qu'il fabriquât exclusivement pour elle.

Le bénéfice était minime, mais la quantité était si importante que l'affaire restait belle. L'industriel accepta. Il augmenta son outillage et rompit ses relations avec ses autres clients.

Quand le contrat arriva à expiration, la grande maison de détail fit connaître à son fournisseur qu'elle avait reçu des propositions plus avantageuses que les siennes et lui demanda de baisser encore ses prix. Les gants représentent en effet dans les maisons de détail des articles de réclame dont les prix sont sacrifiés.

Le fabricant répondit à l'ultimatum de son acheteur par de nouvelles concessions. Elles furent jugées insuffisantes et le contrat fut signé avec un autre industriel.

Notre fabricant demeura donc sans clientèle avec un outillage augmenté et toute sa vie commerciale à recommencer.

Sa situation eût été tout autre, si, au lieu de travailler pour un seul acheteur, il avait créé une marque et recherché par la publicité les faveurs des consommateurs. Il eût imposé sa marchandise à toutes les maisons de vente et sa prospérité se fût accrue sans cesse.

Évitez certaines erreurs courantes. — Pour esquiver le souci de faire de la publicité ne dites pas : « A bon vin, pas d'enseigne ». Rien n'est plus faux. La qualité est une bonne publicité, mais elle n'atteint pas un cercle assez large pour faire une grande maison.

Si vous distribuiez des pièces de cent sous pour quarante sous et que vous ne le fissiez pas savoir par la publicité, vous auriez toujours le même nombre d'acheteurs composés des initiés de la première heure.

Ne croyez pas : Qu'il suffit qu'un produit soit mis en vente partout pour qu'il trouve sa vente normale. Le détaillant n'est pas assez renseigné sur chacun des produits qu'il tient et le temps lui manque pour entreprendre l'éducation de sa clientèle. Ce soin appartient au fabricant.

Ne pensez pas : Que la publicité est surtout destinée à faire vendre un produit de mauvaise qualité et qu'elle jette la défaveur sur une marque. Un grand industriel, M. Michelin, dit : « Un produit inférieur pourra sans réclame trouver de nombreux acheteurs pendant un bon nombre d'années. Avec une publicité intensive, il sera invendable au bout de six mois. »

Notez les aphorismes suivants. — La publicité est une référence permanente pour une maison. La publicité est à une firme ce que la nourriture est au corps.

Quels produits peut-on lancer au moyen de la publicité? — Tous les articles peuvent se vendre au moyen de la publicité, depuis une souricière jusqu'à une maison, disent les Américains.

C'est une erreur de croire que seuls les produits spécialisés sont susceptibles d'affronter la réclame.

Les produits de consommation générale, qui jouissent de

débouchés énormes, parce qu'ils s'adressent à tout le monde, supportent facilement des frais de publicité.

Rappelez-vous le succès des marques de biscuits : Huntley et Palmers, Olivet, Bernot, Lefèvre-Utile.

Envisagez qu'on a lancé une marque de sel : le Cérébos.

Une compagnie américaine a obtenu un triomphe avec une marque de serge bleu marine, la *Washington*.

Quand on va chez l'épicier, on lui demande par exemple telle marque de cacao. Lorsqu'on commande un complet chez son tailleur, on accepte n'importe quelle étoffe qu'il vous assure être de bonne qualité. La parole du tailleur peut inspirer confiance, mais elle n'est pas une garantie scientifique. Ne serait-il pas logique de lui demander un complet en serge bleue *Washington*?

Et si la compagnie américaine a choisi le bleu marine c'est que tout le monde possède dans sa garde-robe un costume de cette couleur.

Annoncez, annoncez, toutes les formes de publicité sont bonnes. — Toutes les formes de publicité sont rémunératrices, si elles sont bien appliquées.

Il est indispensable qu'un rapport étroit existe entre l'article à lancer, la clientèle à atteindre et les ressources dont on dispose.

La première chose à considérer est son budget.

Il vaut mieux ne pas faire de publicité que d'entreprendre une campagne qui sera mal dirigée ou qui s'arrêtera trop tôt faute d'argent.

Les principales variétés de publicité sont :

Publicité dans les journaux : annonces, articles, échos.

Publicité par la poste : envoi de catalogues, lettres, circulaires, brochures.

Publicité murale : affiches dans la ville, tableaux dans les boutiques.

Publicité par la distribution d'objets.

Publicité par la vitrine du magasin.

CHAPITRE II

LA PUBLICITÉ DANS LES JOURNAUX
L'ANNONCE
DU MARCHÉ AU BUREAU DE RÉDACTION

La publicité par les journaux est une des formes de la réclame qui produit le plus d'acheteurs, si elle est bien faite; elle est celle qui se voit le plus et d'un seul coup. Une annonce est lue le même jour par plusieurs centaines de mille de personnes. Mais elle passe vite et la moindre faute en détruit l'effet espéré. La rédaction, la composition, la présentation de l'annonce exigent donc les plus grands soins, d'autant plus que le prix de chaque annonce est élevé.

La publicité dans les journaux se divise en deux catégories, selon le résultat que l'on veut obtenir :

La publicité directe et la publicité indirecte.

La première a pour objet de provoquer des commandes immédiates. La seconde ne cherche qu'à faire demander une brochure ou un catalogue, destinée à convaincre le consommateur de la nécessité d'acheter.

La seconde donne des résultats plus lents mais plus abondants.

Le style, c'est toute la publicité. — Quelle méthode suivre, quelles règles appliquer, lorsqu'on veut préparer une annonce?

Va-t-on se livrer au hasard de ses inspirations? Le hasard est toujours un mauvais conseiller et l'inspiration est fille du caprice. Regardons autour de nous les choses les plus simples, nous y trouvons un enseignement. C'est le jet d'une fronde qui a conduit aux lois de la balistique.

C'est la chute d'une pomme qui a ouvert les yeux de Newton aux principes de la gravitation universelle.

Lorsque nous cherchons la rédaction d'une annonce, nous nous préoccupons en somme de trouver le moyen de faire vendre un article; voyons comment s'y prennent instinctivement les marchands les plus modestes, ceux qui sont restés le plus près de la Nature. Pour construire des aéroplanes on a étudié le vol des oiseaux. Pour voir une chose commerciale primitive et naturelle, allons au marché, à Montrouge ou à Grenelle; regardons les marchands, écoutons-les.

Placés les uns à côté des autres et vendant les mêmes articles, ils sont obligés chacun d'attirer les chalands vers soi et d'annoncer la marchandise.

Le vendeur de beurre crie :

Bon beurre de Normandie, garanti pur, vingt-huit sous la livre. Goûtez-le!

Vous voyez quelles qualités précises de son beurre le marchand met en valeur, il le déclare pur, originaire de la Normandie et invite les ménagères à vérifier elles-mêmes sa supériorité. Cela n'est-il pas plus attirant, plus convaincant que les épithètes boursouflées dont il pourrait décorer sa marchandise en clamant :

Beurre extra, le meilleur beurre du monde?

Plus loin, un autre marchand annonce :

Poires de Louise-Bonne, huit sous la livre. On peut se servir soi-même.

Le mercier ambulant :

Soldes de fabrique. Fouillez dans le tas. Il y en a pour toutes les bourses.

Tous ces gens-là annoncent bien et nous donnent une leçon de publicité. Leur appel aux clients contient d'abord une idée principale, qui est la désignation de la marchandise, puis des arguments pour la faire acheter, enfin l'énoncé du prix.

On cueille des arguments de tout nature sur le marché en plein air.

Voici, parmi la foule, un homme vêtu d'une jaquette noire qui vend des herbes. Sur un petit tréteau, il a disposé une planche anatomique articulée; il procède à une savante démonstration. Avec le doigt, il soulève les muscles de l'image, montre les organes pour expliquer l'origine des maladies qui seront guéries par des tisanes de ses herbes.

La foule l'entoure, recueillie et l'écoute respectueusement. Après les arguments commerciaux, les arguments scientifiques.

Les publicistes, qui font insérer des articles de réclame pour les remèdes, n'agissent pas autrement que l'homme du marché. Après un exposé de médecine ou d'hygiène vulgarisée, alors qu'ils ont conquis l'attention d'un public, ils entonnent les louanges de leur marchandise.

Quelle leçon de choses, nous rapportons du marché!

Maintenant, essayez vos forces. — Vous allez tirer parti de votre visite au marché en essayant de rédiger une annonce pour un beurre.

La première chose qu'il vous faut, c'est un emplacement.

Délimitez-le. Le marchand, quand il s'apprête à vendre, se choisit une boutique. La feuille imprimée est le terrain où vous allez opérer.

Les colonnes des journaux de Paris ont six centimètres et demi de large. Prenez-en huit de haut, vous aurez une annonce de dimensions modestes mais suffisantes. Vous tracez un rectangle qui représente l'espace que vous avez à couvrir; vous ne lui avez donné que six centimètres de large pour laisser un peu de jeu entre ses côtés et le filet de la colonne.

Le marchand de beurre au marché avait une enseigne, c'est elle que vous allez placer en tête de l'annonce. Par exemple : DUVAL, 239, rue Saint-Denis, Paris.

La chose capitale que vous devez annoncer c'est, en même temps que le nom et l'adresse, la nature de la marchandise. Le mot beurre est donc le mot le plus important. Il appelle sur l'annonce l'attention de toutes les personnes qui font la cuisine ou qui se soucient de ce qu'elles mangent.

Ce beurre vous le qualifiez de son origine, qui lui donne une certaine valeur et vous écrivez sur une ligne : BEURRE de NORMANDIE.

Sur une autre ligne vous enregistrez l'argument : GARANTI PUR.

Puis vous indiquez le prix : La livre : 2 fr. 40.

Rappelez-vous que le marchand offrait aux ménagères de goûter son beurre, excellent argument en faveur de la qualité. Cette offre, vous la traduirez par cette phrase qui terminera l'annonce : *Échantillon gratuit à tout visiteur de nos magasins* (fig. 1).

Ne voyez pas là un surcroît de dépenses, mais bien au contraire une source de bénéfices, car il n'est pas une personne entrant dans votre magasin qui n'achètera un article. S'il en est autrement, votre personnel sera au-dessous de sa tâche.

Sur le marché, vous avez vu le beurre et le marchand qui animait la boutique de ses gestes et de sa parole.

Peut-être même avez-vous remarqué une expression amusante de sa physionomie.

Eh! bien, dans votre annonce, vous montrerez aussi le mar-

FIG. 1.

chand. La marchandise est représentée par le mot qui la désigne, mis en bonne place dans le texte. Vous commanderez un dessin qui figurera le marchand de beurre, un bonhomme normand par exemple, jovial et sympathique.

Comme le vendeur que nous avons vu au marché, il *criera* sa marchandise. Et une de ses mains levée désignera un point de l'annonce, comme le marchand étend son bras pour appeler l'attention sur l'étalage de sa boutique.

La main et la tête seules sont expressives, aussi l'artiste bornera-t-il son dessin au haut du corps du bonhomme. En même temps la place sera économisée de cette manière. Dès maintenant, il faut que vous vous rappeliez que la place coûte cher. Votre annonce est ainsi complète (fig. 2), mais elle est froide et sèche. Il faut l'améliorer. Voyons comment.

Ornez votre pensée d'arguments, vous gagnerez des clients. — Dans une annonce un marchand parle à des clients qu'il ne peut pas aller voir individuellement. Si vous aviez du beurre à vendre, vous ne vous contenteriez pas de déclarer à votre client

FIG. 2.

que ce beurre vient de Normandie, qu'il est garanti pur et coûte 2 fr. 40 la livre. Vous découvririez d'autres arguments pour enlever l'achat. Vous vous étendriez sur les qualités de ce beurre qui provient de la région où le lait est le meilleur, où le beurre est fait avec des soins particuliers et une propreté spéciale, ce qui lui permet d'avoir un goût exquis et de se conserver longtemps frais.

Vous ajouteriez quelques considérations générales sur l'emploi du beurre dans l'alimentation, à savoir que le beurre est le meilleur ingrédient pour accommoder les légumes et les viandes : il se digère facilement, il donne un goût agréable aux plats et représente une valeur nutritive importante.

Mais vous comprenez que si votre beurre est d'une qualité recommandable qui doit attirer l'attention sur son usage, vous avez intérêt à lui donner un nom, une marque de fabrique qui le distingue des autres.

L'expression *Beurre de Normandie* est trop vague, elle s'applique à une foule de produits de même origine et sans doute différents, en tout cas sans intérêt pour vous, tandis que la marque Beurre de Normandie *Stella* par exemple, est une désignation nettement définie et toute spéciale à la qualité du beurre que vous mettez en vente.

Votre annonce sera améliorée, si maintenant vous la rédigez comme il suit :

Duval, 239, rue Saint-Denis Paris. — Le bon Beurre fait la bonne cuisine et participe au maintien de la santé. Le Beurre de Normandie *Stella*, Garanti pur, est fait de la meilleure crème et avec les derniers perfectionnements de l'industrie laitière. C'est un régal qui enchante le palais. Il donne une saveur exquise à tous les plats et se conserve indéfiniment. Il est digéré par les estomacs les plus délicats qui ne supportent pas les autres beurres. La livre 2 fr. 40. Échantillon gratuit à tous les visiteurs de notre magasin (fig. 3).

Votre annonce se trouve ainsi étoffée d'arguments qui influenceront le lecteur et lui suggéreront l'envie d'acheter.

Grâce à sa disposition, votre réclame sera vue, quoique de dimensions restreintes, mais il est préférable d'avoir des annonces petites qu'on lit plutôt que des placards qui laissent indifférent le lecteur.

Chaque chose à sa place et une place pour chaque chose. — L'annonce que vous venez d'établir pour la marque de beurre *Stella* peut être considérée comme l'annonce-type pour produire une vente directe et immédiate. Vous engagez en effet le consommateur à se rendre dans vos magasins ou à vous passer de suite une commande. Vous avez même intérêt à ajouter à votre annonce l'indication suivante : Livraison à domicile à partir d'une livre.

De toute façon vous restez le seul agent de vente de votre marque et vous escomptez un effet rapide de votre réclame. Vous faites de la publicité directe.

Plus loin, nous verrons que bien souvent fabricants et commerçants ont besoin d'adopter une autre tactique qui consiste à faire demander par le public une brochure complémentaire qui doit déterminer l'achat ou bien qui consiste à diriger l'acheteur sur les magasins de dépositaires.

C'est de la publicité indirecte. Elle exige une organisation mieux outillée, une attention plus persévérante, elle en est plus intéressante.

Voyons de combien de parties se compose une annonce.

Étudions comment chaque partie se construit et s'harmonise

FIG. 3.

avec l'ensemble; nous dirons plus tard quelles petites modifications on est en droit d'apporter aux dispositions générales de l'annonce-type.

L'annonce *Beurre de Normandie Stella* comprend six parties :

1° Nom et adresse;

2° L'appel : le bon beurre fait la bonne cuisine et participe au maintien de la santé;

3° Le corps de l'annonce, dont la première ligne contient le nom de la marque : Le beurre de Normandie Stella, garanti pur, est fait de la meilleure crème et avec les derniers perfectionnements de l'industrie laitière. C'est un régal qui enchante le palais. Il donne une saveur exquise à tous les plats et se conserve indéfiniment. Il est digéré par les estomacs les plus délicats qui ne supportent pas les autres beurres ;

4° Le prix ;

5° Le dessin ;

6° Le cadre de l'annonce, qui enclôt le tout pour en faire un ensemble, une famille qui vit sur sa terre.

Ces parties doivent s'harmoniser et concourir à former un tout agréable et séduisant.

Le nom et l'adresse. — Ils se placent en tête de l'annonce et doivent être écrits nets, lisibles, sans fantaisie.

L'appel. — Pour attirer l'attention d'une personne vous appelez cette personne. Quand, dans la rue, un portemonnaie glisse d'un manchon ou d'un réticule, vous ne faites pas détourner la tête à sa propriétaire, en jetant un petit sifflement ou en criant Madame.

Mais dites : Madame votre portemonnaie.

Vous éveillez l'attention sur une chose désignée et la dame regarde à ses pieds.

L'appel d'une annonce, pour provoquer un effet, doit être précis et se rapporter au but que vise l'article annoncé, et non pas à cet article lui-même.

Par exemple, il s'agit de faire une annonce pour une eau qui fortifie le cuir chevelu, vous n'écrirez pas : Un médicament nouveau pour les cheveux.

Vous penserez à l'objet de cette eau et aux conséquences de son emploi. Que fait-elle cette eau : elle arrête la chute des cheveux et donne une belle chevelure.

Là, se trouve l'idée de votre appel, vous serez tenté d'écrire : *La chute des cheveux arrêtée*. Mais ce texte est trop long. La phrase suivante est mieux : *Une belle chevelure.*

Elle est mieux parce qu'elle est plus courte et qu'elle parle plus à l'imagination. Elle est évocatrice.

En lisant cette phrase, les gens qui voient avec regret leurs cheveux les quitter, ont sous les yeux l'image de la chevelure abondante, souple, magnifique qu'ils voudraient avoir et qu'ils n'ont pas renoncé à espérer.

Cette « idée principale » : Une belle chevelure suffit à éveiller une sensation qu'il faut compléter, amplifier au moyen d'idées secondaires. Quel est le résultat d'une belle chevelure? c'est d'ajouter de la grâce, du charme à une personne. Le charme, la grâce sont des qualités un peu abstraites. On ne les aime pas pour elles-mêmes, mais pour les avantages que l'on en retire. A quoi servent donc le charme et la grâce ? A séduire.

Cette idée de séduire, de dominer, d'enchaîner est celle qui miroitera avec le plus d'éclat aux yeux du public. Une femme, un homme ne veulent pas posséder la beauté pour s'admirer dans la glace, mais pour exercer une supériorité sur les autres. Nous aurons raison d'écrire comme appel : Une belle chevelure permet d'exercer une séduction, dont on est toujours fier.

A l'idée de beauté, il convient souvent d'ajouter l'idée de santé, ce qui permet d'atteindre les égoïstes en même temps que les orgueilleux.

L'appel peut être rédigé comme il suit : Une belle chevelure permet d'exercer une séduction dont on est toujours fier. Elle est un gage de succès et aussi de santé, car elle protège la tête contre les rhumatismes et les douleurs.

CHAPITRE III

LE MÉCANISME DE LA PENSÉE
DANS LA RÉDACTION D'UNE ANNONCE
LES ÉQUIVALENTS PITTORESQUES

Pour rédiger une annonce, surtout l'appel, qui est pour la réclame ce que le chapeau est pour la femme, il faut contraindre sa pensée à un travail spécial, que l'habitude rend léger et attrayant. Nous avons vu que l'appel se compose d'une idée principale, complétée d'une ou plusieurs idées secondaires.

Comment arrive-t-on à les dégager du troupeau d'images qui se bousculent dans le cerveau?

Les personnes, inaccoutumées à « penser en publicité » peuvent se servir d'un moyen presque mécanique pour extraire de la masse confuse de la vision quelques idées précises.

L'emploi d'un questionnaire qui facilite les déductions et la conception de quelques formules d'aspect mathématique aident la pensée à s'affranchir de ses hésitations.

Le premier effort consiste à bien établir le but de l'article annoncé.

On écrit les quatre questions suivantes :

1° Quelle est l'idée principale, découlant de l'utilité de l'objet?

2° A quelles personnes s'adresse l'article à annoncer?

3° Caractère, habitudes, psychologie de ces personnes?

4° Utilité, usage, but de l'article annoncé pour les personnes auxquelles il s'adresse?

Avec les réponses obtenues, on établit des sortes d'équations littéraires où les deux termes sont rattachés par le signe $=$ (égal à).

Puis on examine les seconds termes de ces équations et on en établit d'autres avec les idées qui en sont la conséquence.

En même temps on cherche aussi à remplacer une idée par une équivalente, mais plus pittoresque.

Un exemple démontrera la simplicité de ce système et quelques exercices le rendront promptement familier.

Exemple : On veut lancer une machine à coudre quelconque, n'ayant aucun perfectionnement particulier sur lequel la publicité pourrait s'appuyer.

PREMIÈRE QUESTION : Quelle est l'idée principale, découlant de l'utilité de l'objet? — Coudre.

DEUXIÈME QUESTION : A quelles personnes s'adresse l'article à annoncer? — Nous avons résolu de toucher la clientèle des petites bourgeoises, qui rèvent toutes d'avoir une machine à coudre. Que signifie coudre pour elles? Cela signifie : se faire des robes. Le mot coudre, à leurs yeux, ne veut rien dire ou représente un travail fastidieux, tandis que le mot robes renferme tous leurs désirs d'ètre élégantes. Pour elles l'idée : machine à coudre équivaut à l'idée : robes. — Nous posons donc :

Machine à coudre = Robes.

TROISIÈME QUESTION : Caractères, habitudes, psychologie des petites bourgeoises qui rèvent de posséder une machine à coudre? — Elles sont coquettes, gracieuses, aiment la toilette, mais ne jouissent que de petits moyens de fortune. — Nous posons donc :

Petites bourgeoises = Petits moyens et coquetterie.

QUATRIÈME QUESTION : Utilité particulière de l'objet annoncé pour la clientèle visée? — La machine a pour objet de faire réaliser à cette clientèle des économies, en lui permettant de faire les robes à la maison.

L'idée machine à coudre qui équivaut à robes, équivaut aussi à économie. Nous avons donc :

Machine à coudre = Robes et Économie.

Petits moyens et économie sont des idées qui se complètent. Nous allons chercher des équivalents à l'idée d'économie et de coquetterie, dans l'axe de l'idée robes.

En quoi consiste la coquetterie, quand il s'agit de se faire des robes? Elle consiste à changer souvent de robes, c'est-à-dire à se faire beaucoup de robes. Nous posons donc :

Coquetterie = Beaucoup de robes.

En quoi consiste l'économie, quand il s'agit de confectionner de la toilette? A faire peu de dépenses. — Nous posons donc :

$$\text{Économie} = \text{Peu de dépenses.}$$

En prenant les équivalents, c'est-à-dire les deuxièmes termes des deux dernières équations, nous avons l'image suivante :

$$\text{Beaucoup de robes. Peu de dépenses.}$$

Cette formule nous donne un appel qui renferme toutes les idées que nous voulons exprimer, mais la forme en est un peu lourde. Nous l'améliorerons de la façon suivante :

$$\text{Plus de robes. Moins de dépenses.}$$

Cet appel contient une opposition, ce qui est excellent.

Prenons un autre exemple. On veut lancer une bière de table, légère, facile à digérer.

PREMIÈRE QUESTION : Quelle est l'idée principale, découlant de l'utilité de l'objet? — Boire, puisqu'il s'agit d'une boisson.

DEUXIÈME QUESTION : A quelles personnes s'adresse l'article à annoncer? — On ordonne généralement en France l'usage de la bière de table aux personnes qui souffrent de l'estomac. En consommant de la bière, elles peuvent boire sans éprouver de mal. — Nous posons donc :

$$\text{Bière} = \text{Boire sans avoir mal à l'estomac.}$$

TROISIÈME QUESTION : Caractère, habitudes, psychologie de ces personnes? — Ce sont des nerveux qui pensent surtout à se soigner. — Nous posons donc :

$$\text{Consommateurs} = \text{Besoin de se soigner.}$$

QUATRIÈME QUESTION : Utilité, usage, but de l'article annoncé pour les personnes auxquelles il s'adresse? — La consommation de la bière a comme objet particulier pour ces personnes de les aider à se soigner. Elle fait partie de leur régime. — Nous posons :

$$\text{Bière} = \text{Pour se soigner.}$$

Nous avons donc comme équivalent à bière, en ajoutant l'une à l'autre la première et la dernière équation :

$$\text{Bière} = \text{Boire sans avoir mal à l'estomac et pour se soigner.}$$

Boire sans avoir mal à l'estomac et pour se soigner équivaut, par extension, à *Boire pour se guérir.*

C'est là notre formule, notre appel.

On veut annoncer une pipe, une bonne pipe quelconque, sans complication particulière.

PREMIÈRE QUESTION : Idée principale : Fumer.

DEUXIÈME ET TROISIÈME QUESTIONS : A quelles personnes s'adresse l'article? Leur caractère? Les fumeurs de pipe sont en général des gens méthodiques. Ils cherchent volontiers une raison à leurs habitudes, ils prennent des apéritifs pour se donner de l'appétit et des liqueurs pour digérer.

QUATRIÈME QUESTION : Ils ont donc aussi une raison pour fumer la pipe, surtout pour fumer leur première pipe du matin, c'est pour chasser le brouillard et s'ouvrir les idées. — Nous posons donc :

Pipe = Ouvrir les idées et chasser le brouillard.

Chasser le brouillard est un 'peu particulier et ne s'applique pas à tous les temps, le brouillard contient des microbes qu'il faut tuer. Chasser le brouillard peut se remplacer avantageusement par : Tuer les microbes.

Nous obtenons : Fumer ouvre les idées et tue les microbes.

Fumer est trop vague, disons : Fumer une bonne pipe, ouvre les idées et tue les microbes.

En améliorant, nous avons : Une bonne pipe tue les microbes et ouvre l'esprit au travail.

On désire lancer un stylographe.

PREMIÈRE QUESTION : Quelle est l'idée principale? — Écrire.

DEUXIÈME QUESTION : A quelles personnes s'adresse l'article? — A des gens d'affaire pressés qui voudraient simplifier de plus en plus la vie. Pour eux :

Stylographe = Simplifier les mouvements pour écrire.

TROISIÈME QUESTION : Caractère de ces personnes? — Simplifier toujours jusqu'à la suppression de tout effort inutile. — Nous posons :

Simplifier à l'excès = Supprimer.

QUATRIÈME QUESTION : But de l'article, usage particulier pour ces personnes ? — Qu'il écrive pour elles.

De conséquence en conséquence, on arrive à ceci :

Stylographe = Suppression mouvements humains.
Suppression de mouvements = Écrire tout seul.

Cela nous donne la formule : Il écrit tout seul.

Mais la logique indique que vous devez le tenir. Ces deux idées forment l'appel : Il écrit tout seul, vous n'avez qu'à le tenir.

Quand l'esprit s'est assoupli à la gymnastique des équivalents pittoresques, il prend l'habitude de désarticuler spontanément les idées pour y trouver des images dans le style de la publicité.

Le corps d'une annonce. — Immédiatement après l'appel d'une annonce, vient le corps.

La première ligne de cette partie doit contenir le nom de l'article annoncé.

Le corps de l'annonce donne l'énumération de toutes les qualités et avantages de l'article à faire acheter.

Ces qualités ont besoin d'être précises et ne peuvent se contenter des épithètes sonores qui n'indiquent rien qu'une grande suffisance chez l'annonceur.

Si vous pensez que votre produit est le premier du monde, il faut dire pourquoi. Si votre produit guérit, il est trop facile de le déclarer, il faut essayer de le prouver, pour qu'on commence à vous croire.

Dites tout ce que fait votre article, ne dites pas ce qu'il ne fait pas.

L'eau des Fées, par exemple, arrête la chute des cheveux; dites-le, mais ne dites pas : elle arrête la chute des cheveux, *elle ne les fait pas repousser.* La sincérité exprimée de cette façon est maladroite, elle ne renforce pas votre première affirmation et désoriente le lecteur.

Ne parlez jamais de vos concurrents.

Souvenez-vous que vous payez chaque ligne et que tout mot inutile est une prodigalité.

Choisissez l'expression juste et pittoresque. Vous pourrez employer pour trouver le mot satisfaisant la méthode des équivalents pittoresques, mais avec beaucoup de doigté, pour ne pas détruire l'effet de votre appel et ne pas établir une annonce scintillante qui éblouit le lecteur et énerve son attention.

Ayez toujours présent à l'esprit que vous écrivez pour vendre un article et non pour exécuter des tours de force littéraires qui amusent les amateurs.

Pour gagner la confiance, servez-vous d'un style chaleureux, simple, sincère.

Écrivez comme on parle pour convaincre. Faites des phrases complètes contenant un verbe. Gardez-vous du style télégraphique et de l'entassement des mots à effet, isolés de toute phrase. Parlez-vous ainsi :

Prodigieux! Inouï! — Rasoir mécanique. — Cinq minutes par opération. — Plus d'affûtage. Inusable.

Le public ne cherche pas à comprendre. Tous ces mots, ce sont des barriques vides qui flottent sur une rivière.

Que votre style soit clair, simple, vigoureux.

Lorsqu'un artisan veut faire un manche pour un outil, il abat un jeune chêne, il élague les branches, il dépouille le tronc de son écorce. Puis il enlève l'aubier qui est formé des couches les plus récentes et les plus tendres du bois. Il arrive à la partie brune, la plus robuste, le cœur du chêne ; c'est avec elle qu'il façonne le manche de son outil.

Ne gardez, vous aussi, que le cœur de l'idée, que le cœur du vocabulaire, faites le sacrifice de tout ce qui ne vous est pas indispensable pour exprimer fortement ce que vous voulez dire.

Allez directement au but, la ligne droite est le chemin du succès.

Pour être énergique et affirmatif, il est nécessaire d'employer comme temps des verbes le présent de l'indicatif et d'éviter tous les mots vagues. Les adverbes doivent vous inspirer beaucoup de circonspection. Ils coûtent cher, parce qu'ils comprennent souvent de nombreuses lettres et leur valeur d'effet est émoussée.

Surtout n'oubliez pas de garnir votre texte d'arguments.

Un texte sans arguments n'a aucune valeur. Ce n'est pas uniquement pour faire connaître votre nom que vous annoncez, c'est pour vendre, c'est pour arracher de l'argent à un client inconnu, il faudra donc faire un effort pour le décider à ouvrir son porte-monnaie. Faites cet effort délibérément et vous en serez récompensé.

Pour rédiger bien le corps d'une annonce, il faut que vous dressiez une liste des particularités de l'article que vous voulez lancer et les défauts des articles similaires, ces défauts vous les convertirez en qualités pour votre produit.

Mettez-vous à la place du lecteur et demandez-vous si l'argument que vous employez serait susceptible de vous faire acheter.

Reprenons, pour leur donner un corps, les annonces présentées déjà pour la rédaction de l'appel.

Pour une machine à coudre que nous appellerons *Rapid*. L'appel est :

Plus de robes, Moins de dépenses.

Rappelons que cette machine a comme particularité d'avoir été faite pour les petites bourgeoises qui veulent confectionner leurs robes à la maison, de façon à être élégantes sans beaucoup dépenser. C'est une nouvelle venue sur le marché, sa fabrication a sûrement bénéficié de tous les perfectionnements apportés à ses devancières.

En outre, elle est rapide, juste, précise. Son mécanisme est simple, robuste aussi. Elle est facile à faire fonctionner.

Défauts des autres machines. — Certaines machines ratent des points, nous dirons que la nôtre est admirablement régulière.

On reproche aux machines de faire du bruit, aussi certaines maisons de vente annoncent-elles que leurs machines sont silencieuses, nous dirons que la nôtre est muette.

Voilà à peu près les éléments qui nous permettront de rédiger le corps de notre annonce. Nous allons étoffer tous ces arguments dans un peu de style.

Les petites bourgeoises n'aiment pas les manières, elles les gênent, il faut leur parler sur un ton familier et bon enfant, qui est généralement le ton de la publicité, il faut leur parler comme si on les connaissait depuis longtemps, cela les flatte, comme de leur dire aussi que l'on a fait quelque chose spécialement pour elles.

Alors nous écrirons : La machine à coudre *Rapid* a été fabriquée pour vous permettre d'être élégante et jolie en dépensant moins d'argent et en faisant toutes vos affaires à la maison.

Elle est celle qu'il vous faut. Établie avec les derniers perfectionnements de la mécanique, elle est rapide, précise, extrèmement régulière, ne manque jamais un point. Elle est plus que silencieuse, elle est muette. Son mécanisme robuste et indéréglable est si simple que vous n'avez pas besoin d'apprentissage.

Rédaction du corps d'une annonce pour une bière de table, la bière *Sana*. — Nous avons dit que cette bière est destinée à ceux qui souffrent de l'estomac et l'appel est ainsi conçu : *Boire pour se guérir*. Nous resterons dans cette idée, en disant : La Bière *Sana* est la boisson de table recommandée par tous les médecins à ceux qui ne peuvent boire de vin parce qu'ils souffrent de l'estomac, du foie ou des reins. L'eau débilite, le thé énerve. La bière *Sana* fortifie tout l'organisme et, par les qualités émollientes du houblon et de l'orge choisis qui la composent, elle guérit les organes et facilite leurs fonctions. Quand on boit la bière *Sana*, on éprouve un bien-être délicieux après chaque repas.

Dans l'annonce bière *Sana*, nous avons observé qu'il s'agissait d'une boisson pour malades. Nous voudrions lancer une bière pour les cafés que le ton de l'annonce serait tout différent. Par exemple celui-ci :

Un bon bock est un délassement, un plaisir et une chose saine. — La bière *Sana* est la meilleure boisson pour l'après-midi, pour le soir et même pour les repas. Elle a un goût exquis et rend la vie gaie. Elle est parfumée, légère, ne laisse jamais de lourdeur à la tête, la bouche ou l'estomac. Offrez à vos amis des bocks de *Sana*, vous leur ferez doublement plaisir.

Dans le même cas, on pourrait encore rédiger comme suit : Permettez-moi de vous offrir un bon bock. — Garçon, un *Sana*! La bière *Sana* est la meilleure boisson pour l'après-midi et le soir, elle fait plaisir, délasse et donne un grand bien-être. On a aussi intérêt à la consommer aux repas, elle facilite la digestion. Exquise, légère, elle ne donne jamais de lourdeur ni à la tête ni à la bouche. Buvez tous et buvez toujours de la *Sana*.

Pour une pipe. — Nous reprenons notre appel : Une bonne pipe tue les microbes et ouvre l'esprit au travail. Nous continuons par le corps de l'annonce : La pipe *Georges* parfume et aromatise n'importe quel tabac. Elle vous fait réaliser une économie sur la qualité que vous employez avec les autres pipes, car elle bonifie tous les tabacs. Faite en racine de bruyère vieille, garantie, double tuyau isolant démontable, facile à nettoyer, elle ne jute jamais. Vous pouvez fumer autant que vous voulez sans aucune crainte d'intoxication ou de mauvaise haleine.

Exemple du stylographe. — Il écrit tout seul, vous n'avez qu'à le tenir. Le stylographe *Pénor* est toujours prêt à écrire, c'est le porte-plume type pour tous les gens d'affaires. Industriels, négociants, médecins, ingénieurs, c'est le stylographe léger, rapide, qui vous convient. Garanti inversable, se garnit facilement. Mieux compris que les autres, il peut écrire 30 000 mots sans qu'on ait à le remplir. Plume en or 18 carats, modèles pour toutes les écritures.

Si on veut économiser l'argent et l'espace, il est facile de réduire cette annonce : Il écrit tout seul. — Le stylographe *Pénor* est toujours prêt à écrire. Porte plume essentiellement moderne, convient à tous par ses avantages et qualités. Rapide, léger, commode, garanti inversable. Il est le seul à pouvoir écrire 30 000 mots sans épuiser son encre. Plume or 18 carats, pour tous les genres d'écriture.

Remarque. — Vous avez observé sans doute que le style des annonces ne comporte dans les verbes que le présent de l'indicatif.

CHAPITRE IV

LES AUTRES PARTIES D'UNE ANNONCE

Le prix. — La quatrième partie d'une annonce comprend l'indication du prix.

Après avoir appelé l'attention du lecteur sur votre produit, vous lui en avez exposé les qualités, les particularités et les avantages. Maintenant vous lui indiquez le prix, c'est logique. Le client ne se décide à acheter, même si l'article lui plaît beaucoup, que lorsqu'il connaît la dépense à laquelle il s'oblige.

On pénètre plus facilement dans le magasin qui affiche ses prix que dans celui qui les cache. A part quelques exceptions, la clientèle regarde toujours au prix et rien n'est plus gênant que d'entrer dans une maison pour demander un prix et se retirer sans rien acheter, parce que la somme à dépenser est trop forte. On préfère ne pas entrer.

Un commerçant a donc intérêt à étiqueter les marchandises de la vitrine. Il attire la clientèle. L'annonce est pour un commerce une vitrine ambulante. Mettez-y des prix.

Les personnes qui croient que la publicité du prix abaisse le rang d'une maison commettent une grave erreur. J'ai vu des maisons de la plus haute classe, ne pouvant faire connaître leurs prix dans leurs annonces à cause de la multiplicité de leurs articles, tenir à signaler qu'elles vendaient à des prix modérés. Il faut toujours craindre d'effrayer le client. Lorsqu'une maison est frappée de la réputation de vendre cher, elle a beaucoup de mal à modifier l'opinion.

Presque toujours une maison à intérêt à faire connaître le prix des articles qu'elle annonce, puisque, avec la qualité, le prix est un des éléments de la concurrence. Lorsque l'article annoncé doit être vendu par des intermédiaires, lorsqu'il faut aller le chercher chez des détaillants, il est indispensable de donner le prix dans les annonces, pour éviter toute velléité de surcharge chez les revendeurs, en même temps qu'on incite les acheteurs par un prix avantageux à réclamer chez leur fournisseur l'article annoncé.

Par exception, lorsque le prix est élevé et qu'il s'agit d'un article spécialisé, on a intérêt à ne pas le faire connaître dans l'annonce; on déclare simplement que ce prix est avantageux, qu'il est à la portée de tous, ou bien qu'il n'est rien en comparaison des services que rend l'appareil, ou des économies qu'il fait réaliser. Cette formule est un subterfuge pour ne pas éloigner les clients éventuels. Si l'annonce est bien tournée, ils écriront pour savoir le prix; l'annonceur se réserve ainsi le moyen d'obtenir des adresses de gens que l'article est susceptible d'intéresser et il essaiera de leur arracher une commande en continuant auprès d'eux la publicité par une série de lettres. Les articles de luxe se trouvent dans ce cas.

Ne doivent pas publier non plus le prix les maisons pour la clientèle desquelles le prix n'est rien. Ces maisons deviennent de plus en plus rares. Toutefois, parmi elles, on peut citer les couturiers, les grands parfumeurs et tous ceux qui vendent des articles touchant la vanité.

Il est évident qu'une dame, qui veut se faire habiller par tel illustre couturier, recherche non pas le bon marché, mais la coupe et la signature du maître qui saura la rendre plus jolie et toujours jeune.

La personne qui désire offrir en cadeau un flacon de parfum n'a cure du prix, elle veut l'élégance d'un flacon de grand style et une marque indiquant qu'elle fait un beau cadeau cher.

Dans tous les autres cas, on a intérêt à indiquer le prix, on met son client à l'aise, on le décide plus facilement à commander et on augmente dans des proportions considérables sa clientèle.

Le dessin. — Le dessin est un morceau important, il fait partie intégrante de l'annonce. Certes, il ne peut pas décider l'achat, il a moins de force de persuasion qu'un argument, mais il donne à l'ensemble de la vigueur ou de la grâce. Son rôle principal est d'accrocher le regard. L'image possède sur l'organe visuel un attrait fascinateur. C'est pourquoi il est nécessaire que toute annonce soit illustrée.

Le dessin a besoin d'être aussi soigné que le texte, pourtant un
mauvais dessin fait moins de tort qu'un méchant texte.

Le dessin doit être en rapport étroit avec l'article annoncé. Il
est indispensable de montrer cet objet parce que le dessin dans
la publicité est comme le portrait de la personne dont on parle.
La façon la plus simple et souvent la meilleure d'illustrer une

FIG. 4.

annonce est de mettre sous les yeux du lecteur l'article recommandé.

Dans la publicité technique, pour les machines, les appareils,
les instruments, il n'y a pas de moyen supérieur à celui-là.

Toutefois il est bon de faire figurer à côté de l'objet un personnage qui s'en sert et lui donne de la vie. En procédant de cette
manière, on expose l'objet et l'on démontre son utilité ou le
résultat qu'il peut obtenir, ce qui incite davantage à l'acheter.

Ainsi dans le cliché Mandel Brothers, la maison de vente qui
annonce de nouveaux souliers élégants à lacets, nous les fait voir

comme dans une vitrine et, à un plan plus éloigné, esquisse une personne en train de les mettre. Le dessin est adroitement découpé pour économiser la place (fig. 4).

La maison Theron Ellings qui recommande des escarpins, les

FIG. 4 bis.

anime d'un bout de jambe et les place dans une position de marche qui donne de la réalité au dessin. N'est-ce pas mieux que d'exhiber sur la même ligne, comme dans une vitrine, deux souliers qui sont pareils, et par conséquent n'ont pas besoin d'être alignés l'un à côté de l'autre (fig. 4 *bis*).

L'Edison Company qui offre un radiateur électrique nous fait voir un enfant qui s'y chauffe les mains. L'annonce dit : La chaleur électrique pour les mioches. Présentée ainsi l'annonce est plus attrayante et retient plus facilement l'attention.

Si vous vendez une locomotive ou un tour, vous faites figurer simplement cette machine dans l'annonce. Si vous vendez une automobile, vous pouvez vous contenter d'en reproduire l'image, mais il sera plus intéressant de créer une jolie scène ou un beau paysage mettant en valeur les avantages de la voiture. Si vous vendez un corset, vous ne vous contentez pas de le faire dessiner

FIG. 5.

ou photographier sur un support, vous en parez une femme charmante, dont la beauté augmente l'attrait du corset. Les lectrices se diront inconsciemment : Avec ce corset, je serai aussi jolie que cette femme. Votre publicité agira plus profondément. Ainsi la maison Greene (fig. 5 et 6) pour annoncer ses robes et ses manteaux en habillent-elles de sveltes silhouettes qui prêtent leur grâce aux vêtements recommandés. Garson Pirie Scott vend une lampe de plancher (fig. 7). Il la place dans un décor qui la fait valoir.

Proposez-vous une raquette de tennis, vous faites dessiner en haut de votre annonce une partie de tennis dans le cadre d'un délicieux paysage, et le long du texte la raquette elle-même. Si, faute de place, vous étiez obligé de supprimer l'un des dessins, sacrifiez le paysage.

Vous annoncez une eau pour les cheveux, vous illustrez le texte avec une jolie femme, assise devant sa toilette et se servant de votre eau, tandis que son opulente chevelure traine jusqu'à terre.

FIG. 6.

Dans un angle de l'annonce on voit le flacon tel qu'il est vendu, avec la marque de fabrique bien apparente. Mais un tel dessin, pour être aimable, exige une place importante et la place est chère. On trouve alors une combinaison de dessin qui montre à la fois le produit et ses effets. Par exemple, pour un remède du cuir chevelu, ce serait une idée agréable de montrer à côté du flacon, une joue appuyée à sa paroi, une très jolie femme avec une immense chevelure dénouée, elle dit en guise d'appel : « Je lui dois ma chevelure! » Dans les cheveux épars, une main apparaît pour désigner l'étiquette du flacon.

Un des meilleurs dessins est une main bien modelée qui tient l'article annoncé ou le désigne. Un dessin de main attire toujours le regard. Cela est la conséquence d'un geste naturel, lorsque vous voulez indiquer quelque chose, vous étendez la main.

Le dessin doit être aussi soigné que le texte, mais il doit rester dessin de publicité, c'est-à-dire, qu'avant tout souci d'art, il fasse passer la préoccupation de vendre l'article annoncé.

En général, le dessin n'occupe pas *plus du tiers* de l'annonce. Il se place soit en haut de celle-ci, soit au milieu, soit sur le côté, le côté gauche parce que l'œil est habitué à lire de gauche à droite,

Le dessin fixé au milieu du texte a le désavantage de couper celui-ci en deux.

Cette disposition brise le texte et exige du lecteur un effort.

Pour illustrer une annonce d'un caractère un peu abstrait : chiromancie, école de style, etc., en un mot une chose qui repose sur une idée, on représente la source de cette idée, c'est-à-dire la tête. La tête est pour les choses abstraites ce que la main est pour les articles concrets (fig. 8).

Un dessinateur de talent sait donner à la face tant d'expressions variées, qu'elle devient comme un livre où l'on fait lire au public ce que l'on veut.

Il faut ajouter qu'on peut faire de bonnes annonces sans dessin, il est nécessaire alors d'avoir un en-tête de lettres spéciales qui attire l'attention ou de composer l'annonce avec beaucoup de blanc et des lignes de très gros caractères [fig. 9]. L'annonce Stonewall est bien rédigée, mais comme elle paraît froide, faute

FIG. 7.

d'un dessin qui eût montré une boîte de ces cigares et qui, dans une scène bien appropriée, eût fait naître le désir de goûter ces merveilles à 5 sous! (5 cents au Canada).

Le cadre. — La dernière partie que nous avons à étudier dans une annonce est le cadre. Il a pour objet de détacher l'annonce du texte environnant et d'augmenter sa visibilité. Le cadre n'ajoute qu'une petite note à l'aspect d'une annonce, il n'en demande pas moins des soins; il a son utilité et son rôle. Il est pour l'ensemble d'une annonce ce que la ponctuation est pour le texte. Néanmoins il est extrêmement souple et varie à l'infini. Il se prête à toutes les combinaisons de forme.

En général, un cadre vigoureusement noir entoure une annonce

FIG. 8.

claire, et un cadre clair délimite une annonce un peu serrée et par suite noire.

Mais il faut éviter les affreux cadres d'une épaisseur funèbre qui ressemble au filet des lettres mortuaires. D'ailleurs, dans certains magazines anglais, on les refuse maintenant. C'est ainsi que les annonces qui ont la prétention d'éclipser leurs voisines, par leur mauvais goût, se voient interdire le seuil de la maison.

Les cadres tout faits que l'on trouve dans les imprimeries se composent de filets minces avec des ornements aux angles, ou de damiers d'un bon effet.

On trouve aussi des fantaisies en grisaille. La mode actuellement est d'employer des cadres noirs de petite épaisseur et brisés sur certains mots du texte ou une partie du dessin. Mais le plus joli cadre est le cadre que l'on fait dessiner pour son annonce. Généralement l'artiste met dans sa composition des attributs se rapportant au sujet.

S'agit-il de bière : un cadre orné de houblon. De fleurs : un cadre enguirlandé. Autour d'une annonce de Christmas, la maison Rumpelmayer a placé un cadre formé de gui entremêlé de ces petites chandelles qu'on allume dans l'arbre de Noël.

Un pneu, une roue dentée deviennent des cadres amusants pour des annonces techniques.

Le principe est qu'il faut toujours encadrer une annonce. Pourtant, si l'annonce est écrite avec des lignes tellement courtes

FIG. 9.

qu'elle se détache sur le blanc du papier, comme un îlot sur la mer, le cadre devient inutile. L'annonce se trouve encadrée de blanc. L'effet est joli, encore que, bien souvent, le texte risque d'être trop fin.

Les qualités d'une annonce. — Pour avoir de la valeur, une annonce doit présenter deux qualités primordiales : elle doit être visible et lisible. Vous aurez beau bourrer votre annonce d'arguments, ils resteront sans effet, si votre texte n'est ni vu ni lu.

Pour rendre visible une annonce : un bon dessin ou un arrangement particulier du fronton. Un appel qui frappe l'esprit. Pour sauter aux yeux la première ligne de votre appel ne peut pas contenir plus de trois ou quatre mots aussi brefs que possible.

Pour rendre lisible une annonce : des caractères d'imprimerie nets, noirs, gras, sympathiques à l'œil. Il est nécessaire d'éviter de remplir le cadre de trop de lignes. Sous prétexte que la place dans les journaux coûte cher, certains annonceurs s'efforcent de combler leur espace de lettres petites et serrées. Cette économie peut les mener à la ruine, parce que personne ne prend la peine de lire leur réclame. Il faut qu'il y ait de l'air dans une annonce, c'est-à-dire du blanc. En publicité le blanc rapporte autant que le noir.

L'ensemble d'un journal est de ton foncé, soyez clair, vous vous ferez remarquer.

Pour plaire au public, soyez aimable, complaisant, ne lui demandez aucun travail.

Soyez accueillant comme le bon aubergiste qui, tout de blanc vêtu, vient au seuil de sa maison recevoir le voyageur avec un sourire de bienvenue sur sa face rayonnante de santé.

Prenez garde, il y a des pièges. — N'entrez dans le domaine de l'esprit et de la farce qu'avec la plus grande prudence, toute plaisanterie est un piège qui peut vous attraper et n'attrapera pas un acheteur pour vous.

Une annonce qui vise à l'esprit peut être manquée pour un rien.

Tout le monde ne vous comprendra pas. Et le meilleur esprit ne remplace pas un argument.

Encore une fois, la publicité a pour objet de faire vendre.

Néanmoins, dans le dessin, l'esprit est plus facile à manier que dans le texte et il se comprend mieux. Le danger que je signalais pour la lettre est moindre pour le trait et beaucoup d'annonces sont illustrées dans une note doucement comique. Là, encore, on est obligé de se tenir éloigné de tout excès.

Bien qu'un dessin comique puisse faire regarder une annonce, n'oubliez pas que la note drolatique a moins d'influence sur le lecteur que la représentation de la force, de la vérité et de tous les sentiments qui inspirent la confiance et gagnent la sympathie.

Redoutez l'esprit, fuyez aussi le galimatias, les rébus, la fantaisie outrée, et tout ce qui est laid, anormal, embrouillé.

Souvenez-vous que le public n'est pas obligé de vous lire, c'est au contraire vous, qui êtes contraint de vous faire lire. C'est de vous que doit venir l'effort. Vous demandez au public de l'argent, vous êtes mal venu à lui demander encore un travail. Soyez simple et clair.

Que vos annonces soient donc lisibles pour l'esprit, comme pour les yeux.

Si vous devez avoir soin d'éviter la farce qui peut trop facilement outrepasser vos intentions, et l'esprit qui manque parfois son but, vous n'êtes pas obligé de dédaigner tous les genres légers d'annonces, surtout dans les journaux et magazines populaires ou comiques. L'anecdote est au contraire d'un effet amusant et heureux en publicité, quand elle est bien traitée. En voici un exemple

FIG. 10.

agréable, pris dans un magazine anglais qui se vend deux sous et se lit dans toutes les familles (fig. 10). Traduction :

1. Maintenant, il me faut un bon dîner chaud.

2. Le Jambon : Il ne sait pas que je suis le seul mets dans la maison et, froid, par-dessus le marché.

3. N'importe quoi, pourvu que ce soit chaud.

4. Je dois faire vite, alors E. D. S.

5. Et une bonne soupe arrive.

Vous pouvez toujours convertir les rôtis froids et tous les restants en de bons plats chauds, avec un paquet de deux sous E. D. S., soupe desséchée d'Édouard.

Le style. — Au-dessus des éléments d'une annonce et les dominant tous, il y a le style.

Buffon a dit : le style, c'est l'homme même; on peut dire aussi : le style, c'est la publicité même, comme dans un magasin, la parole c'est toute la vente. Le style, c'est la robe, la toilette de votre pensée, de vos arguments. Vous comprenez combien il a besoin d'être soigné, brillant et ajusté.

Au point de vue pratique, je vous conseille de n'employer qu'un style simple, familier, enthousiaste avec des mots riches et un large optimisme. Ne montrez jamais de mauvaise humeur ni d'acrimonie. Le public fuit les censeurs qui ont toujours de l'amertume sur les lèvres. Il faut que votre style respire la santé. Exemple, ne dites pas, comme en grinçant des dents : l'inexpérience des hommes irrite; dites en souriant, comme quelqu'un qui digère bien : l'inexpérience des hommes amuse.

Tremblez de laisser échapper une réflexion comme la suivante : les malades sont souvent absurdes. Mais vous avez toute liberté d'insinuer : les malades sont parfois trop confiants.

Craignez aussi de paraître fat. Si vous devez parler de vos connaissances scientifiques, ne dites pas : nos connaissances supérieures, mais nos connaissances approfondies.

Soyez de bonne compagnie avec les personnes à qui vous vous adressez.

Considérez que ces personnes sont en quelque sorte chez vous, vous êtes leur hôte. En leur parlant, vous évitez tout ce qui est susceptible de froisser même imperceptiblement leur opinion, leurs idées, leurs convictions. Ne touchez à rien des choses qui font l'objet des discussions et qui sont la cause des divisions des hommes. Au contraire parlez de tout ce qui peut les unir, les rapprocher.

Vous pouvez aussi appuyer votre pensée sur les grandes idées de beauté, de bonté, de famille et donner à votre style, surtout dans l'appel, la forme proverbiale, qui a l'avantage de bien pénétrer dans la mémoire.

L'annonce à deux temps. — L'humanité se compose d'impulsifs pour environ 20 p. 100, de réfléchis pour 30 p. 100, d'indécis pour 30 p. 100, d'indifférents pour 10 p. 100 et de récalcitrants pour 10 p. 100.

Une annonce bien faite a prise immédiatement sur les impulsifs. Les autres, pour envoyer une commande, attendent d'être plus informés, sauf les récalcitrants contre lesquels on est désarmé. Ce sont des personnages aigris et hargneux en qui l'esprit de contradiction a remplacé le raisonnement,

Pour atteindre la plus grande clientèle, il faut donc déployer un nombre important d'arguments. Comme l'espace coûte cher dans un journal, il est impossible de les faire entrer dans une annonce, on les réunit dans une brochure où l'on reste maître de s'étendre autant que l'on veut.

Dans ce cas votre annonce doit contenir, comme dernières lignes, l'offre d'une brochure gratuite. Et votre adresse, dont la place est en tête, peut alors se mettre à la fin.

Exemple : Demandez-nous notre brochure gratuite ou Envoi gratuit d'une brochure illustrée, Dupont, 259, rue Saint-Martin. Paris.

Toutefois rappelez-vous que vous avez plus d'intérêt à inscrire votre adresse en tête qu'à la fin. — Au contraire votre adresse s'inscrit à la fin de l'annonce si vous recommandez un produit que l'acheteur doit trouver chez un des détaillants. Votre annonce se termine par ces mots :

En vente chez tous les épiciers, pharmaciens, etc.

Vente en gros, Dupont, 259, rue Saint-Martin, Paris.

Cette annonce a pour objet de faire demander votre article par le consommateur chez l'intermédiaire, qui à son tour se trouve obligé de vous passer un ordre.

Voilà les deux modifications que vous pouvez apporter à l'annonce-type étudiée précédemment.

Plus loin, nous verrons comment on établit une brochure et comment on s'en sert, comment on lance un produit par la vente directe ou par l'intermédiaire des détaillants.

Dès maintenant vous devez être en mesure d'analyser une annonce et nous allons faire défiler sous vos yeux des spécimens.

CHAPITRE V

LA CRITIQUE DES ANNONCES. — LE DÉFILÉ DE LA RÉCLAME

Soyez juges, à votre tour. — Voici une agréable annonce : Les lampes *Mazda* (fig. 11). Dessin, composition, appel, tout est bien. Le dessin est adroitement truqué pour montrer une lampe à une

FIG. 11.

« échelle » où elle prend de l'importance; si elle avait été faite en proportions strictes avec le reste du dessin, elle eût passé inaperçue; or, elle est la partie principale. Le texte se traduit ainsi : Appel : « Toujours sous la main ». Corps de l'annonce : « Les lampes *Mazda* sont prêtes à répandre leur lumière toujours et à toute heure. Pensez combien cela est commode lorsque Sa Majesté Bébé s'éveille dans la nuit. Vous n'avez qu'à tourner le bouton pour pouvoir vous occuper de lui. Les lampes *Mazda* épargnent 15 shillings sur une livre et, grâce à leur filament de Tungsten étiré, sont excessivement solides ».

Il faut remarquer que le rédacteur de cette annonce a approprié aux lampes *Mazda* des qualités qu'on trouve dans presque toutes les bonnes lampes, il l'a fait avec adresse. On peut puiser dans le domaine commun, quand on sait se servir de tout ce qu'on y découvre d'utile. Rappelez-vous ce que donnent comme arguments certains autres fabricants de lampes, ils disent : « La lampe XY est la meilleure, la lampe XY éclaire comme le soleil ». Banalités ridicules, sans effet sur le public.

Ils déclarent, en outre, que la lampe XY économise 50 ou 75 p. 100

FIG. 12.

des frais d'éclairage. L'auteur de l'annonce *Mazda* a trouvé une formule plus précise, plus familière qui fait mieux ressortir l'économie réalisée.

C'est très bien de faire quelque chose avec presque rien.

L'annonce canadienne bière *Dow* (fig. 12) ne mérite que des éloges. Illustration appétissante, adéquate au sujet traité. D'un coup d'œil, on voit de quoi il s'agit. La rédaction frappe juste. Après avoir exposé les qualités de la bière, on fait connaître ses références.

Le cadre, lui aussi, est soigné et en concordance avec le sujet. C'est le cadre spécialisé dont j'ai parlé précédemment. A cette annonce, il ne manque qu'une chose : l'indication des endroits où se vend la bière *Dow*.

J'entends bien qu'elle est connue. Mais, quand on fait des annonces, c'est aussi pour acquérir de nouveaux clients, tout en consolidant la clientèle acquise, sollicitée par les concurrents. Où peut-on se procurer une bouteille de bière *Dow*? Pas à la *National Breweries Limited!* Alors où? C'est une lacune.

L'annonce *Jackson* est également à remarquer (fig. 13).

FIG. 13.

L'appel est constitué par le nom même de la maison. Ce n'est pas suffisant, mais la maison est connue. Le texte, encadré d'un baromètre, est bien rédigé. Lisez-le. Le manteau accroché à une patère est d'un style naturel.

L'annonce canadienne *Florida* (fig. 14) est d'un bon aspect et d'une bonne composition. La rédaction a un défaut, elle s'adresse seulement aux personnes qui ont déjà résolu de quitter le Canada, l'hiver, pour aller prendre du soleil. Commençant par un *Si*, elle n'est pas affirmative et manque de force.

Elle aurait dû viser tout le monde. Au lieu d'écrire en tête : *Florida, Cuba*, nous mettrions comme appel :

« Allez chercher le soleil et la joie. »

Puis, comme corps :

« Fuyez donc le froid, les journées courtes et tristes. Allez au bon soleil dans les pays de beauté et de printemps : Floride, Cuba, Nassau, Géorgie, etc. »

Supposez un industriel ignorant les lois de la publicité qui voudrait annoncer qu'il vend du saindoux plus cher que ses concurrents, comment s'y prendrait-il? Il s'y prendrait sûrement mal, car la tâche est difficile.

Par contre *Armour* s'y prend bien. Son annonce, composée selon une méthode scientifique, présente la marchandise dans son emballage avec sa marque. Derrière le dessin, apparait sur un fond sombre un texte qui donne les raisons très adroites pour lesquelles on doit préférer le saindoux *Simon* à tout autre. Ce saindoux est tellement supérieur aux autres qu'il rend plus diges-

FIG. 14.

tibles, plus agréables, plus tendres, les aliments dans la composition desquels il entre et qui sont des pâtés, des pets de nonne et des fritures, aliments qui n'ont pas la réputation d'être légers à l'estomac. Aussi, ajoute le malicieux rédacteur, cet avantage vaut bien la différence de prix. Le saindoux *Simon* est fait uniquement avec le plus fin du gras du lard.

Voilà, n'est-il pas vrai, de bonnes raisons pour faire acheter ce produit? Souvent les maîtresses de maison disent : Je commanderais bien à la cuisinière un pâté, mais c'est un aliment si lourd ; à quoi le souvenir de cette annonce répond : mais non, si vous employez du saindoux *Simon*.

La compagnie *American locomotive*, qui construit des locomotives légères pour le service des usines et de leur matériel, des sortes de Decauville, a su illustrer et rédiger son cliché.

L'illustration donne la reproduction de la machine qui, de suite, avec l'appel retient l'attention, puis elle certifie que les locomotives légères sont construites avec autant de soins que les grandes machines. La compagnie déclare qu'elle a consacré beaucoup de temps et d'argent à leurs études, le résultat est que ces petites machines sont aussi bien construites qu'il est humainement possible de le faire. Chaque pièce a été choisie avec soin et essayée. La compagnie possède un stock de parties interchangeables toujours prêtes à être expédiées immédiatement.

Cette annonce qui s'adresse à des spécialistes dit ce qu'il faut dire avec une simplicité qui plaît aux gens de métier.

J'ai déjà dit que la publicité doit avoir pour but de provoquer des achats. Quand on ne veut pas vendre, il devient donc superflu et onéreux de faire de la publicité. La société des camions *Federal-United* n'a pas été de cet avis, puisqu'elle a cru devoir publier un cliché pour avertir ses clients qu'elle ne recevait plus de commande.

Pourtant, si l'on réfléchit, on arrive à se dire que cette société a publié un cliché, moins pour donner un avis à ses clients que pour se glorifier d'être arrivée à son plein de commandes. Il était une forme plus heureuse de le dire, tout en se réservant des commandes pour l'avenir. Lorsqu'une maison s'est laissée déborder par le succès et qu'elle n'a pas pris ses mesures pour augmenter en temps utile sa production, elle doit ralentir sa publicité sans la cesser et la rédiger de telle sorte qu'elle maintienne sa renommée sans accroître les commandes.

Par exemple, la société des automobiles *Léopard*, acculée à l'impossibilité de livrer de nouvelles voitures annonce ceci :

« La société des automobiles *Léopard*, débordée par le succès et le nombre des commandes, va faire construire de nouveaux ateliers pour pouvoir accepter de nouvelles commandes ».

Nous ne saurons trop répéter que, dans l'annonce, il faut de la vie. Voici une annonce de petites dimensions, 11 centimètres de haut environ, qui est très bien. Elle donne l'impression d'une scène dans la rue.

Une élégante jeune fille vient de passer, elle a été saluée par deux jeunes gens qui disent : « Quel malheur qu'elle ne sache pas que le *Resinol* éclaircit la peau » (fig. 15).

Il est évident que toutes les femmes désirent avoir un épiderme fin.

Les jeunes gens ajoutent : « Ce serait une jolie fille, si elle n'avait pas cette mine boutonneuse. »

L'annonceur à son tour prend la parole pour dire :

« Mais l'usage régulier du savon *Resinol*, aidé d'abord par un peu d'onguent Resinol, fait le teint clair, frais, charmant. Si une vilaine

FIG. 15.

FIG. 16.

peau est votre lot, employez le savon *Resinol* et vous la voyez rapidement s'améliorer. »

Dans un autre cliché de la même marque, une jeune fille dit à son père : « Voyez, papa, vous aviez raison, le *Resinol* a guéri complètement mon eczéma » (fig. 16).

C'est là une façon ingénieuse d'inciter les familles à l'usage de cet onguent.

Le style direct employé par l'auteur a beaucoup d'action sur le lecteur.

La jeune fille continuant à parler, dit encore : « C'est une joie d'être débarrassée aussi vite de ces vilaines rougeurs qui me demangeaient. J'étais honteuse d'être vue, pendant que mes mains et mes bras en étaient couverts; j'ai passé des nuits sans sommeil, avec des démangeaisons et des brûlures. Merci d'avoir pensé au *Resinol*. »

Dans un troisième cliché (fig. 17) nous voyons une mère qui panse son enfant avec le *Resinol* qui va le guérir de suite.

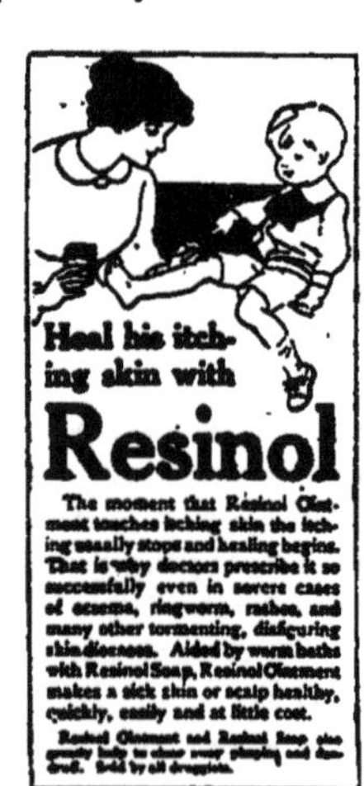

FIG. 17.

Pour vendre des talons en caoutchouc, la marque *Slipknot* fait des frais importants de publicité et insère des clichés qui méritent d'être remarqués. Une heureuse fantaisie d'artiste les a inspirés. Le premier nous fait voir la silhouette d'un homme qui se repose tranquillement en fumant sa pipe. L'appel pourrait être traduit à peu près par ces mots : Ne pas s'en faire !

Le texte dit ensuite : « A la fin d'une journée de dur travail, vous connaîtrez un vrai confort, si vous portez des talons] de

FIG. 18.

caoutchouc *Slipknot*. En vente dans toutes les maisons de réparations de chaussures, 50 sous tout posés. Mais soyez sûr que ce sont des *Slipknots* (fig. 18).

Dans les deux autres clichés la fantaisie s'accentue.

L'un représente de petits bonshommes qui franchissent les lettres du mot *Slipknot*, lancé comme un pont au-dessus d'un obstacle, et on lit : « La vie n'est qu'une série de pas moelleux, si l'on marche sur des talons de caoutchouc *Slipknot*. Soyez bon pour vous-même, allez à la plus prochaine maison de réparations et achetez une paire de ces pneus de promenade. Mais soyez certain que ce sont bien des *Slipknots*, ils durent plus longtemps pour le même prix » (fig. 19).

Enfin dans le troisième, nous atteignons le summun de cette fantaisie : « Si Napoléon avait connu les talons de caoutchouc

Slipknot, il en aurait acheté pour chaque homme de son armée et son armée aurait duré deux fois plus longtemps. Portez des *Slipknots* et, vous aussi, vous durerez deux fois plus longtemps. »

Le dessin est particulièrement drôle et le cliché, largement pourvu de blanc, attire l'attention (fig. 20).

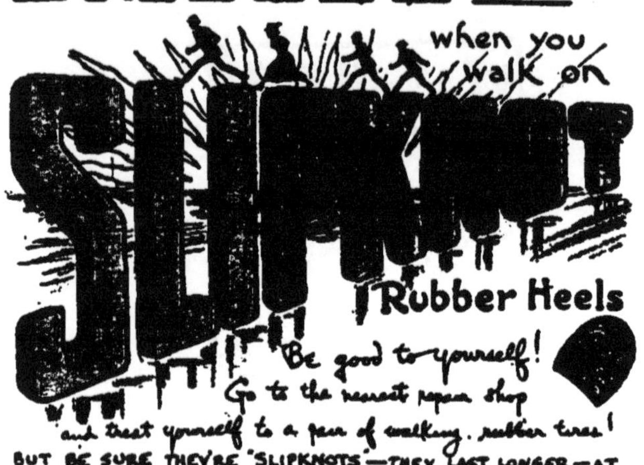

FIG. 19.

Dans l'annonce *Mansion Polish* l'humour s'allie au sérieux (fig. 21).

Elle est destinée à être lue par les maîtresses de maison et la firme a créé un type de petite fée ménagère qu'elle baptise *Margot Mansion*, l'abeille laborieuse.

L'appel est le suivant : « L'encaustique *Mansion* fait votre travail plus léger. »

Le corps de l'annonce : « En enrôlant les services de *Margot Mansion*, l'abeille laborieuse, votre travail d'entretien de maison sera fait rapidement, complètement, et avec la plus grande économie. Son extraordinaire préparation d'encaustique *Mansion* conserve les linoléums, les meubles et les parquets toujours en bon état. L'encaustique *Mansion* ne donne pas seulement un brillant auquel n'adhère pas la poussière, mais encore il préserve les choses des marques des doigts. »

Ce dernier argument est vraiment une trouvaille.

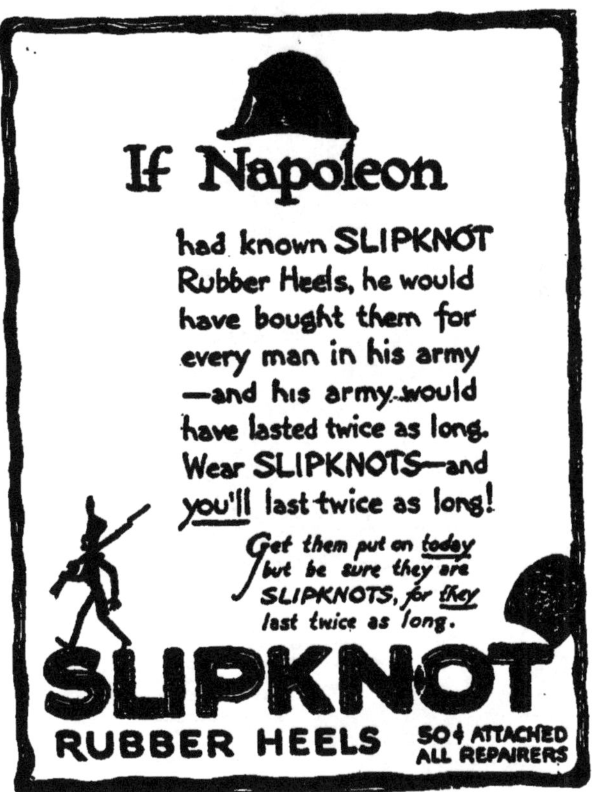

FIG. 20.

Le dessin est amusant, juste et ne saurait passer inaperçu. Le texte encadré se détache parfaitement et l'ensemble ne mérite que des éloges.

Le produit *Lux* sait faire sa publicité. En tête du cliché, le mot *Lux* (le nom du produit) pour le lavage des tissus fragiles.

« Les tissus fragiles peuvent être lavés et relavés avec le *Lux* et ils gardent le charme et la fraîcheur du neuf. Le *Lux* est si agréable dans son pouvoir de nettoyage qu'il ne cause pas le plus petit dommage au plus délicat tissu. Il agit sur la crasse, plutôt par la persuasion que par la force, pour la faire sortir des étoffes. »

La servante qui regarde porte un écriteau avec ces mots : Il ne fait pas rétrécir les laines.

FIG. 21.

FIG. 22.

La rédaction de cette annonce, mal rendue par la traduction, est dans le texte charmante et persuasive, le dessin est élégant et bien approprié (fig. 22).

Time is flying (fig. 23). Voici un petit cliché, qui a des qualités. Il est inséré sans nom de firme et contient simplement un avis au sujet des approvisionnements de combustible. Il a dû être publié par un puissant syndicat qui sait qu'il est à peu près seul à pourvoir aux besoins de la population et ne voit pas la nécessité de se faire connaître.

FIG. 23.

Le dessin et l'appel : « Le temps fuit », sont d'une certaine banalité, qui peut s'appliquer à toute sorte de produit. Elle a peut-être été voulue pour attirer l'attention de tout le monde à une époque de l'année où personne ne songeait aux provisions de combustible. L'homme est insouciant. Si l'on avait commencé l'annonce par ces mots : pensez à votre chauffage, personne n'aurait peut-être lu l'annonce et chacun se serait dit : « J'ai bien le temps ». Le texte, qui est bon, se traduit ainsi : « Le temps fuit et le vieil adage dit : il n'attend aucun homme. Avez-vous fait quelque effort afin de vous assurer quelque combustible pour cet hiver? Les conditions de transport sont assez mauvaises et elles seront pires encore après septembre, lorsque les moissons circuleront. Il semble qu'il sera difficile d'avoir du charbon cet hiver, il n'est pas abondant maintenant. Si vous ne pouvez obtenir du coke, notre avis est que vous vous arrangiez avec un détaillant pour obtenir n'importe quel combustible, seulement faites-le maintenant. »

On avouera que la forme de cette publicité, faite pour engager les consommateurs à commencer leurs provisions de combustible, est d'un ton excellent.

Peu de négociants se soucient de trouver, pour vendre des meubles, une phrase de tentation (fig. 24).

La maison *Cowperthwait* sait ce qu'il faut écrire : « Un home dont on peut être fier ».

Cette idée, qui forme un appel, se développe comme il suit :

« Quand vos amis viennent vous rendre visite, vous êtes fier qu'ils regardent votre intérieur, avez-vous ces jolis meubles que vous admirez chez les autres? Vous pouvez avoir tous les jolis meubles nouveaux que vous désirez et sans payer comptant. Vous aurez un large crédit, de sorte que vous pourrez payer par semaine ou par mois des sommes modérées. »

La société *Atora*, qui vend de la graisse de bœuf, donne le

FIG. 24.

moyen de l'employer pour conserver les fruits en coulant une couche de ce produit sur le dessus de la conserve placée dans de l'eau bouillie.

La recette est expliquée de manière que tout le monde la comprenne, le dessin est en rapport avec le texte et l'appel : Conserver des fruits sans sucre, attire l'attention de toutes les maîtresses de maison vigilantes (fig. 25).

Voici un cliché d'allure grave pour une école de commerce (fig. 26). Derrière le parchemin d'un diplôme, marqué en bas d'un sceau, apparaît le monument qui abrite l'école. Le texte est étudié avec soin, il dit : « Université d'entraînement aux affaires par des cours du soir. — La Northwestern, école de commerce, vous offre l'occasion de vous entraîner aux affaires par des cours du soir. L'école a été fondée en 1908 dans cette idée que les affaires sont une science qui peut être enseignée par des professeurs expérimentés. Les cours ont lieu le soir pour permettre à ceux qui ne disposent que d'une partie de leur temps de les suivre. Les inscriptions seront plus nombreuses cette année, parce que beaucoup d'hommes ont été pris aux affaires par le service national. D'autres

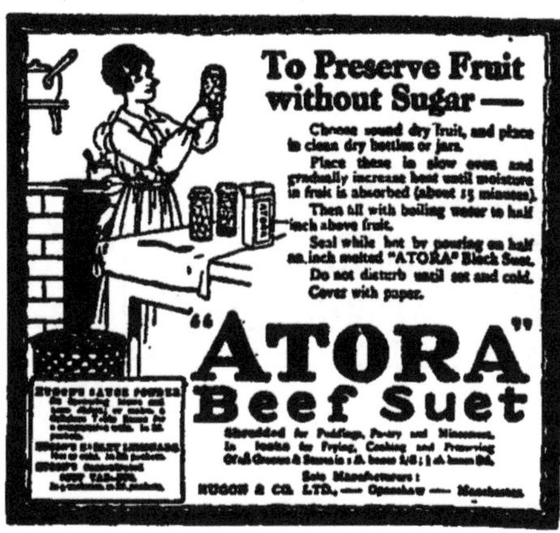

FIG. 25.

hommes et d'autres femmes devront les remplacer. La Northwestern est organisée pour préparer hommes et femmes à répondre à la demande des employeurs. Depuis sa fondation, 5 000 personnes ont profité de l'enseignement du soir et, l'année dernière, 1 075 ont été inscrites. Ces faits indiquent que l'école répond à un besoin. »

Ensuite, on nous fait connaître quelles augmentations de salaires ont obtenues les élèves de la maison. Puis on énumère les différents cours qui semblent être ceux de nos écoles supérieures de commerce.

Le cliché se termine par cette invite : « Venez, visitez ou écrivez pour avoir notre brochure. »

Le cliché *Grape-Nuts* présente un bon texte et un agréable dessin. « Toute une grande journée de travail vous attend, dit l'appel », et le lecteur voit en effet une table chargée de papiers.

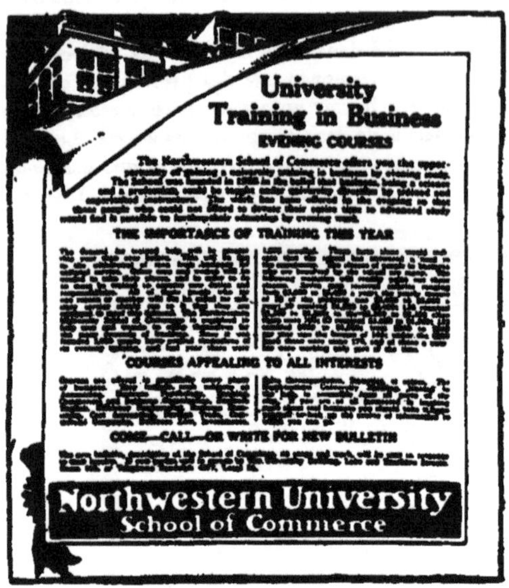
University
Training in Business
EVENING COURSES
THE IMPORTANCE OF TRAINING THIS YEAR
COURSES APPEALING TO ALL INTERESTS
COME—CALL—OR WRITE FOR NEW BULLETIN
Northwestern University
School of Commerce

FIG. 26.

There's a Big day's work
Waiting
Grape-Nuts
"There's a Reason"

FIG. 27.

Plus bas, le texte satisfait la curiosité éveillée par ces mots :
« Un breakfast léger, facile à digérer, mais substantiel est celui
qui convient à un homme qui travaille de la tête. Le *Grape-Nuts*
remplit cette condition (ou ce programme). C'est une raison. »

Ce style simple et de bonne tenue a beaucoup d'effet (fig. 27).

Les maisons américaines de phonographes publient des annonces
énormes que nous ne pouvons reproduire, mais nous allons analyser le cliché que la maison du *Victrola* donne aux journaux.

D'abord un cadre soigné.

En haut, la marque de la maison : le chien qui entend la voix
de son maître.

Un appel attirant : « Un bon partenaire, un plancher uni, et le
Victrola, l'instrument qui est toujours prêt à vous donner la
meilleure musique de danse! Il jouera aussi longtemps que vous
voudrez danser et des danses charmantes comme les suivantes. »

(Suit l'énumération des morceaux de danse). Le dessin, représente des couples de jeunes gens et de jeunes filles qui dansent au son d'un phonographe.

La maison de nouveautés *Bloomingdales* a pris au contraire l'habitude de publier de petits clichés qui ont 5 centimètres de large sur 11 de haut et qui sont charmants (fig. 28).

Une phrase d'appel relie le dessin au corps qui donne la
description des articles.

Une idée aimable et galante attire l'attention sur les robes
d'été annoncées par ce cliché. L'auteur dit :

« Un résultat de nos délicates toilettes : une amitié
vibrante suivra votre sillage, quand vous porterez une de ses
robes charmeuses et légères. »

Ensuite, bien sûr d'avoir conquis son public, il esquisse
rapidement la description de la toilette.

FIG. 28.

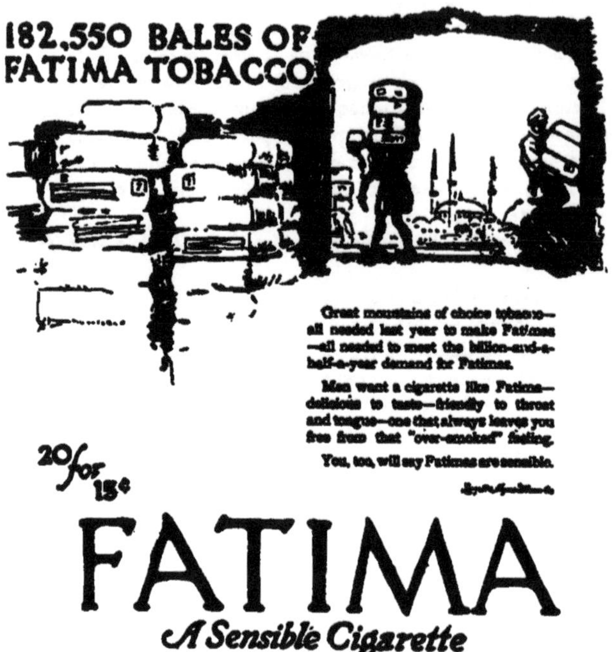

FIG. 29.

La société de tabac qui lance la marque *Fatima* (fig. 29) a ima-
giné un dessin intéressant pour représenter la puissance de sa
production. Elle déclare qu'elle emploie 182 550 balles de tabac.

Elle ajoute : « Des montagnes de tabac choisi ont été nécessaires l'année dernière pour fabriquer les *Fatima*. Elles ont été
nécessaires pour faire face à la demande d'un billion de cigarettes
Fatima consommées en une demi-année.

« Les hommes veulent une cigarette telle que la *Fatima*, délicieuse au goût, bienveillante pour la gorge et la langue. Elle ne
fait pas naître la sensation désagréable d'avoir trop fumé. Vous,
aussi, vous déclarerez que la cigarette *Fatima* est celle qui convient. »

Il y a certes peu de fumeurs qui puissent résister à de tels avantages, si bien exposés.

Dans un autre cliché (fig. 30) la marque affirme sa superiorité avec une autorité de bon goût, elle assure que la cigarette *Fatima* est la meilleure, mais elle formule cette affirmation d'une façon intelligente en disant : « Chaque fois que vous voyez un homme fumer une *Fatima*, vous pouvez être sûr qu'il éprouve tout le plaisir qu'il est possible de ressentir en fumant une cigarette. »

L'annonce du *Butter-Wheat* (fig. 31) est nette, visible, facile à lire. Le dessin, qui représente un garçon épicier, est vivant.

FIG. 30.

L'appel est double : « Tout le monde aime ça! Juste ce que vous attendez. »

Cet appel est assez banal, mais il fixe tout de même l'attention. Le reste du texte est bon, en voici la traduction :

« Juste ce que vous attendez! pour votre entourage si difficile à contenter à l'heure du petit déjeuner. Tout votre monde aimera le blé au beurre et vous en redemandera. Blé au beurre! Tous les flocons croquants de ce blé ont été grillés dans de la pure crème de beurre et ont un goût délicieux que tout le monde aime. Commandez une boîte aujourd'hui! »

Dans un autre cliché, c'est un jeune consommateur qui s'écrie : « Hé! c'est bon. »

Le marchand ajoute : « C'est ce qu'ils disent tous, grands et petits.... *Butter-Wheat* a une délicatesse, un goût savoureux qui le différencie de toutes les autres céréales » (fig. 32).

Un troisième cliché compare la valeur nutritive du *Butter-*

Wheat à celle de la pomme de terre, il est cinq fois supérieur.
Le dessin place sur la même ligne un tas de tubercules et une
boîte de *Butter-Wheat* (fig. 32 *bis*).

Un syndicat de cultivateurs, de producteurs a adopté la marque

FIG. 31.

Eatmor. Il fait une annonce pour rappeler aux maîtresses de maison
qu'il est temps d'acheter des airelles, une sorte de baies aigres,
que l'on consomme comme condiments. Les annonceurs ne
croient pas nécessaire d'appeler tout de suite l'attention sur les
airelles qui sont bien connues, ils éveillent simplement l'attention
sur l'époque, sur le moment de faire des achats, et disent :

« Airelles. — Maintenant il est temps d'acheter vos airelles. Plus
tard, elles seront probablement plus cher. Achetez-les maintenant,

et mettez-les dans des vases fermés à froid, placez-les ensuite dans l'eau bouillante et vous les garderez une année.

« Achetez-les maintenant et faites vos gelées et vos conserves.

FIG. 32.

Pendant toute l'année, elles augmenteront votre plaisir à manger la viande. »

Ensuite l'annonce recommande de demander aux épiciers une brochure remplie de recettes pour employer les airelles.

Vous comprenez de suite les qualités de ce cliché parlant.

Les mots *Eatmor* et *Cranberries* (airelles) se détachent bien sur un fond clair.

FIG. 32 *bis.*

FIG. 33.

Les recommandations que l'on donne aux maîtresses de maison sont de celles qui « portent » et qui « rendent ».

Le dessin est très approprié au sujet : un coin de cuisine, une femme qui verse la gelée dans des pots.

En bas, à gauche, deux pots qui font pour ainsi dire contrepoids au dessin du haut et le « balancent ».

Le journal *New-York American* (fig. 33) invite les étrangers à acheter ses exemplaires et le dessin qu'il publie est excellent en ce sens qu'il représente l'action recommandée par le texte. Ce dessin a l'intensité de vie d'un film.

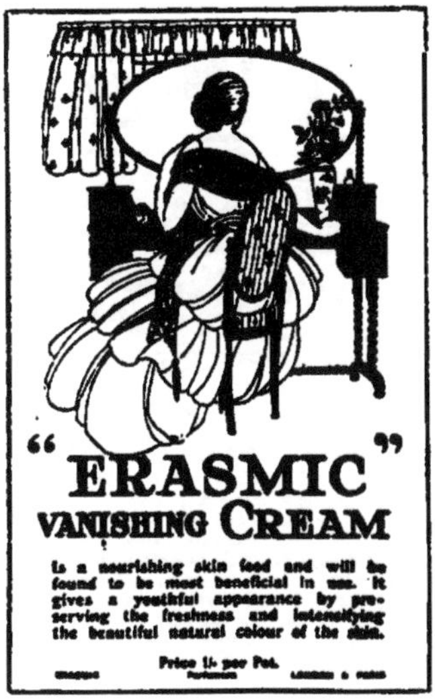

Il dit : « Hélez le plus prochain petit marchand de journaux et achetez un exemplaire du *New-York American*. Ainsi vous marcherez avec la partie la plus intelligente, la plus allante de la population. Le *New-York American* est la voix de la Cité. Lisez d'abord les nouvelles, puis les éditoriaux, deux rubriques réputées pour être les meilleures de tous les journaux de New-York. » Allez ensuite aux petites annonces.

« Prenez, par exemple, l'exemplaire que vous tenez à la main. Tournez à la page 13, vous trouverez une foule de petites informations, plus utiles pour vous que beaucoup de grandes pages données par la plupart des journaux. »

Un pharmacien a trouvé un produit pour diminuer la transpiration, il trouve une idée merveilleuse pour lancer ce produit. Il présente un homme qui, devant une glace, ajuste à sa chemise un col net. Il dit : « Plus de cols trempés pour moi. »

Tout le monde sait, en effet, quel ennui on éprouve à aller à ses affaires avec un de ces cols flétri par la transpiration. L'auteur ajoute : « Un col trempé, de même que des talons éculés, dénote une négligence ». L'auteur rappelle qu'un homme qui porte un col fané donne de lui une mauvaise impression qui peut lui faire manquer des affaires.

FIG. 34.

La marque *Erasmic* qui s'applique à des savons et à des produits de beauté publie de bonnes annonces pour sa crème, en voici une où le dessin est ce qu'il doit être, bien que, exécuté au trait pour les exigences du tirage, il apparaisse un peu sec. Mais la disposition et l'idée sont heureuses : « Beauté et Charme. — La crème invisible *Erasmic* est la nourriture de la peau, elle est la

FIG. 35.

plus avantageuse dans l'usage. Elle procure une apparence de jeunesse en préservant la fraicheur et en intensifiant un joli teint naturel. »

L'expression crème invisible, crème qui s'évapore est une trouvaille, car bien des femmes désirent retoucher leur teint, mais craignent que cela se voie (fig. 34).

La firme *The Fair* (fig. 35) fait une annonce pour des chaussures d'enfants. Dans son dessin, elle montre un modèle de ces chaussures et indique qu'il s'agit d'un article pour enfants. Son appel est : « Chaussures rationnelles pour enfants ».

Le corps de l'annonce en énumère les avantages :

« Elles empêchent les enfants de souffrir des pieds. Essayez dès maintenant, donnez-leur les chaussures qu'il convient et ils seront toujours heureux. Les chaussures *Kewpie Twins* pour garçons et filles sont faites à la main, sans clou ni cheville, elles sont unies et confortables à l'intérieur. Avant d'acheter la prochaine paire de souliers pour votre enfant, venez à *The Fair* et demandez à voir les *Kewpie-Twins*. »

Enfin l'annonceur donne des prix, mentionne les cuirs et les façons.

.˙.

La publicité pour les automobiles et les pneus offre dans les pays anglo-saxons des proportions imposantes et fait preuve d'un art consommé.

La maison *Overland* présente au public un nouveau modèle de voiture avec une assurance qui lui conquiert la clientèle. Elle dit : « Le *touring-car*, quatre cylindres, léger : 750 dollars; le lourd pour la route : 735 dollars. — Deux mille de ce seul modèle vendus en une semaine. — Pensez à ceci : c'est un modèle nouveau depuis le 1ᵉʳ janvier et déjà environ 50 000 types sont en train de rouler! C'est un fait. C'est aussi une garantie quant à votre achat. Cette voiture est certainement bien montée, mais mieux que cela, de toutes les voitures de cette catégorie, elle est la plus belle. Quand elle va sur la route, grâce à sa souplesse et à sa facilité de conduite, aucune ne peut lui être comparée. Le dernier modèle d'*Overland*, le quatre léger, est la meilleure combinaison de style et de confort, au bas prix de 750 dollars. Il représente une économie dans sa marche comme dans son achat. C'est une voiture à la fois utile et agréable, il donne à son propriétaire, pour son argent, plus de satisfaction que tout autre. Venez chez nous et voyez l'*Overland*. »

Voici une autre annonce de la même marque. Elle représente une automobile qui grimpe une côte à une allure témoignant de sa robustesse. Cette machine, qui donne ainsi une idée de sa puissance, ne coûte que 895 dollars. Le rapprochement du prix et de la qualité de la machine était intéressant à faire.

L'appel se trouve en concordance avec le dessin : « De la puissance et encore plus de puissance! » (fig. 36).

La marque *Studebaker* publie de bons clichés. Le dessin montre

FIG. 36.

une automobile et une maison, il est en harmonie avec l'appel qui
est le suivant : « Achetez votre automobile comme vous achète-
riez votre maison. »

Le corps de l'annonce est bourré d'arguments :

« Portez autant d'attention à acheter votre automobile que votre maison. Vous pouvez trouver des maisons à tous les prix. Mais il y a des précautions à prendre, si la maison doit être votre habitation familiale. Vous ne voudriez pas, par exemple, demeurer à l'étroit et être gêné dans des chambres inconfortables. Pas davantage, vous ne voudriez vivre dans une maison où la plomberie serait bon marché, les boiseries de qualité inférieure, avec des portes mal faites, des fenêtres mal jointes. Sans vous lancer dans le luxe, vous tenez à l'existence de certaines choses qui vous permettent d'appeler votre maison un *Home* que vous serez fier de posséder. C'est la même chose pour votre automobile. Elle doit avoir des dimensions suffisantes, elle doit être spacieuse, bien suspendue, pour être réellement confortable et vous délivrer du souci de vous excuser sans cesse auprès de vos hôtes. Elle doit être construite assez solidement pour justifier le placement que vous faites en l'achetant. Elle doit avoir le poids suffisant pour tenir la route. Vos passagers doivent pouvoir s'y asseoir confortablement. Vous ne voudriez pas avoir une maison qui aurait perdu de sa valeur et dont le prix vous serait diminué de quelques dollars. Aussi bien, c'est une mauvaise économie d'acheter, parce qu'elle est meilleur marché, une auto qui manque, au point de vue mécanique, de choses essentielles pour pouvoir vous donner satisfaction.

« Dans les séries 18 des autos *Studebaker* vous avez toute la perfection mécanique au plus bas prix.

« Si l'on considère que *Studebaker*, un des plus grands producteurs d'autos dans le monde, réalise toutes les économies que procurent une grande production et de grandes ressources, qu'il perçoit un plus faible pourcentage de bénéfice par voiture que les petits fabricants, il devient évident que *Studebaker* donne à ses voitures un *chic* que les petites maisons ne peuvent égaler, une qualité et un fini que vous ne pouvez raisonnablement trouver dans les petites voitures au prix où elle sont. Et qu'est la mesquine économie que vous réaliseriez à côté du grand sacrifice que nous faisons ! Soyez raisonnable, avant de vous décider pour une voiture, venez voir les *Studebaker*.

« Presque tous les fabricants ont augmenté leurs tarifs, mais les prix de *Studebaker*, sont restés ceux du printemps dernier. Cela augmente encore l'intérêt offert par ces voitures. »

La marque d'automobile *Premier*, très connue, publie un cliché pour annoncer sa prochaine augmentation de prix. Elle le fait avec aisance et habileté : « Trois cents dollars de plus à partir du

FIG. 37.

1ᵉʳ août. — Mardi, 31 juillet, à minuit, le prix des *Premier* augmente de 300 dollars. Si vous faites votre commande avant cette date, vous économisez 300 dollars, c'est assez pour payer vos frais de garage pendant un an. — Achetez maintenant et vous sauvez 300 dollars. — Au prix de 1985 dollars, *Premier* vous offre incontestablement la meilleure affaire d'automobile du jour. Avant l'augmentation de prix de 300 dollars, faites un essai qui sera une preuve de cette affirmation. Pour un essai, téléphonez : Colombus 43-95. »

L'illustration montre l'automobile *Premier* traversant un paysage qu'on devine agréable. (Nous ne donnons pas la reproduction de ce cliché.) Elle est si docile que son propriétaire la conduit négligemment. Elle est si jolie qu'une femme cesse de cueillir des fleurs pour la regarder passer.

Le cliché publié par la maison de pneumatiques *Firestone* est impressionnant. (fig. 37). Il dénote une grande firme et une publicité forte. Traduction : « Les pneus géants *Firestone*. — Vous les reconnaissez à leur allure et à leur surface cannelée. Ces grands et vigoureux pneus que vous voyez, faisant le dur travail des camions sont des pneus géants *Firestone*. De grandes affaires ont dépendu de la marche de ces pneus depuis bientôt trois ans, pour le plus pénible travail des gros camions. Ils ont une largeur de 7, 8, 10, 12 et 14 pouces avec 2 ou 3 cannelures suivant la largeur. Remarquez l'importance des maisons qui les emploient. Les grandes maisons les connaissent depuis longtemps par l'expérience qu'elles en ont faite pour leur charroi. Notez aussi les lourdes charges qu'ils transportent. Demandez leurs états de services et apprenez ainsi à perfectionner votre service de livraison, en même temps économisez de l'argent. Parlez avec un homme qui se sert du *Firestone* (la traduction littérale est : un homme de *Firestone*, expression plus forte). Il a un *Firestone* pour chaque route, chaque charge et condition de service. »

Dans un autre cliché, également remarquable (fig. 38), le chef de publicité de la maison, rappelle les paroles de Washington : « La volonté du peuple et ma propre réputation. » Le portrait du héros domine la composition; ses paroles sont adaptées à la publicité du *Firestone* de la façon suivante : « La volonté du peuple et ma propre réputation. Il en est de même dans le monde des affaires. L'honneur commercial est établi avec succès sur la qualité du produit et la bonne foi du fabricant. Par la volonté du peuple et sa réputation, Firestone a établi une organisation qui lui permet de tenir la première place. Le nom *Firestone* marqué sur un pneu est une garantie que l'on effectue le plus de kilomètres par dollar dépensé. Rouler sur *Firestone Super-Cord* indique une marque de luxe et une supériorité de pneus. Quel que soit le type du pneu, le nom de *Firestone* est une garantie que sera rempli chaque désir de sécurité, de maniement et d'économie qu'on peut formuler. Cette garantie est soutenue par une organisation qui

FIG. 38.

comprend 11 000 employés intéressés dans l'affaire et décidés à servir *La volonté du Peuple.* »

C'est encore dans un très bon cliché que la même marque présente sa jante : « Quand vous changez un pneu vous appréciez la jante *Firestone*. »

Parmi tous les arguments exposés, il en est un qui doit avoir une influence décisive sur l'acheteur, celui-ci : la jante *Firestone* est la seule qui soit faite par un fabricant de pneus, cet argument contient tous les autres, car il est facile d'en déduire qu'une jante sortant d'une maison de pneus est parfaite.

Le pneu *Royal Cord* fait aussi une publicité imposante. Le dessin représente un pneumatique robuste.

Le texte déclare : « Le pneu *Royal Cord* coûte le moins à l'usage parce que vous en tirez un service plus grand que tout autre pneu cordé. Plus de kilomètres et moins d'argent!

« Les pneus *Royal Cord* sont réputés pour leur extrême élasticité et leur rebondissement, qui permettent de conduire aisément. Les pneus *Royal Cord* sont réputés pour leur endurance merveilleuse qui fait la distance moins coûteuse.

« Les pneus *Royal Cord* sont connus comme les maîtres des pneus à corde, de même qu'un général est le maître de son armée.

« Mettez des pneus *Royal Cord* à votre voiture. Ce sont des pneus réputés. »

La marque *Globe* conseille, pour qu'on se rende compte de la résistance de ses produits, de couper un pneu hors de service et d'éprouver sur le vif la résistance du caoutchouc.

Comme appel, il lance : Des milles (kilomètres) de service et non des mille de pneus.

Le texte commente et explique cet appel qui contient un jeu de mots que le français ne peut rendre. Les fabricants du *Globe*, au lieu de faire des milliers de pneus préfèrent fabriquer un pneu qui fait des milles et des milles. Au lieu de faire des quantités de pneus, ils aiment mieux faire les meilleurs pneus. Si le succès est venu, il n'a pas été déterminé par le nombre des pneus qu'ils ont fabriqués mais par le nombre de milles que les pneus ont parcourus (fig. 39).

.·.

La publicité du tourisme prend en Amérique des proportions considérables, elle est dirigée souvent par les compagnies de transport.

FIG. 39.

Dans une annonce, l'*Union Pacific Line* attire l'attention sur le
Colorado sous la forme suivante :

« La question de tous les ans et la réponse :

« Prendrai-je des vacances cet été? Où irai-je?

—Par tous les moyens, prenez des vacances, pour être prêt physiquement et mentalement à répondre aux exigences de votre tâche. Que votre inspiration vous guide vers la fraîcheur et le Colorado. Le voyage est délicieux depuis le moment même où vous partez

ᴘɪɢ. 40.

dans un de ces splendides trains qui quittent Chicago à des heures commodes. »

Le dessin montre un homme qui réfléchit et qu'entoure un vaste point d'interrogation.

Une autre annonce recommande la Pensylvanie et débute ainsi : *Sur les collines du Bonheur* (fig. 40).

Tous les avantages et tous les sports de la région sont énumérés.

Puis un livre illustré est offert, il parle de la contrée et porte le titre : *Visites à la montagne et au lac.*

Un autre cliché est encore publié pour offrir ce même livre.

La Compagnie du railway lance aussi aux pêcheurs, l'invite suivante : « Pêcheurs, écoutez l'appel de la région du Nord (fig. 41).

« Abandonnez les affaires pendant un temps et prenez du plaisir pendant quelques jours dans le nord du Wisconsin, en pêchant et en profitant de tous les avantages de la vie au grand air. Cette

FIG. 41.

contrée est le paradis du sportsman. Cette région est un réseau de lacs entourés de forêts, un réseau de rivières, de ruisseaux, on y va au moyen de bonnes routes et de bonnes pistes. »

Ensuite vient une énumération des poissons qu'on y trouve et

FIG. 42.

dont le nombre est renouvelé par des réserves. Enfin on indique
qu'on peut se loger facilement. La compagnie de chemins de fer
a organisé un train spécial pour les pêcheurs.

Dans un autre cliché, la séduction que l'on essaie d'exercer sur les pêcheurs est encore plus vive. Un magnifique poisson est pris à l'hameçon et l'auteur de la réclame s'écrie : « C'est une pièce admirable! un produit du nord du Wisconsin » (fig. 42).

En psychologue averti, le publiciste évoque discrètement les joies du pêcheur : « C'est un plaisir, dit-il, de sentir une de ces belles bêtes au bout de sa ligne. on tire d'une petite secousse, on joue adroitement avec la proie et puis on l'amène à terre. »

FIG. 43.

En même temps, l'auteur indique que le pays est sain et que le soleil vous *retape* et vous communique une énergie nouvelle pour le retour à la ville et aux affaires. Ensuite viennent des détails sur le train spécial des pêcheurs.

Pour éveiller le désir de faire l'excursion du *Mont Rainier*, l'auteur du cliché fait bien remarquer que le voyage s'effectue par un chemin de fer électrique et il énumère les avantages de cette locomotion : pas de poussière, pas de fumée qui cache le paysage, un voyage doux et agréable au cours duquel on peut admirer.

Voici une annonce petite qui reste claire et de bon ton (fig. 43) :

« Naviguez sur l'Hudson le dimanche.

« Sur les belles rives de l'Hudson, vous voyez passer des points d'une importance historique ou d'une beauté pittoresque. Newburgh, Beacon, Poughkeepsie et retour à bord des spacieux steamers Benj. B. Odell.

« Arrêt suffisant pour monter au fameux Mont Beacon ou déjeuner à Orange Lake.

« Même promenade tous les dimanches. Restaurant, musique. »

.·.

Les magasins de nouveautés qui font, dans les pays anglo-saxons, une publicité monstre, y apportent beaucoup de goût et de science.

Des maisons publient plusieurs pages de clichés disséminées dans le même numéro de journal aux multiples feuilles.

no. 44.

Certaines pages forment des catalogues, les articles les plus avantageux des rayons y sont exposés dans des cases séparées. Par exemple, le cliché de *Garson Pirie Scott et Co* prend presque une page pour annoncer une vente d'été.

Les dessins sont toujours agréables et d'une grâce primesautière. Ils ne rappellent pas les maladroites gravures de mode ou les grotesques figures de catalogue que l'on voit quelquefois.

Les articles offerts sont accompagnés d'explications détaillées

FIG. 45.

qui révèlent la bonne foi du vendeur et inspirent confiance à l'acheteur (fig. 44 et 45).

Une autre maison, pour montrer des molèles de jupes, a trouvé l'agréable disposition que nous reproduisons dans la figure 46.

Le souci de faire vivant est manifeste dans toutes les annonces anglo-saxonnes.

La maison *Rothschild*, de Chicago, fait précéder son cliché d'un appel qui a été entendu.

FIG. 46.

Il s'agit de manteaux pour jeunes filles et fillettes et l'appel est le suivant : « Bonne nouvelle pour les mères. La réduction du prix de la vie! »

« Les manteaux pour jeunes filles et fillettes viennent d'arriver pour la vente de samedi : 25 dollars! »

Une description minutieuse de ces merveilleux manteaux est ensuite faite.

Voici de jolis dessins dont la maison *Marshall Field* orne un

FIG. 47.

cliché pour sa vente annuelle d'hiver de manteaux et de chaussures d'enfants.

Là encore le dessin est approprié au texte, tous les personnages ont du mouvement. Les manteaux que l'on met en vente se trouvent ainsi habiller des enfants et non des mannequins (fig. 47, 47 *bis*, 47 *ter*).

Le même éloge doit être adressé aux clichés des maisons de confections pour hommes. Il faut reconnaître que les illustrations des clichés *Macy's* (fig. 48), *Lord et Taylor* (fig. 49), sont des véritables dessins.

La maison *Macy* publie des clichés en hauteur occupant toute une colonne. Le nom de la firme est toujours suivi de l'indication : « Nous vendons des marchandises garanties à des prix plus bas que toute autre maison, mais au comptant seulement. »

Dans la figure 48, la maison s'adresse aux gens pressés de
prendre le train pour aller passer à la campagne leurs vacances ou
leur « fin de semaine ». Elle annonce qu'ils peuvent venir dans

FIG. 47 *bis.*

FIG. 47 *ter.*   FIG. 48.

ses magasins le jour même à midi, avant de prendre le train, et
recommande ses pantalons de flanelle blanche. Le dessin amusant
représente un homme de la cité, qui, une valise à la main, galope
vers la gare.

Dans une autre annonce, la même maison offre des tissus « homespun » américains pour les gens qui veulent être bien habillés. Le dessin, qui nous montre un client avec l'article en

FIG. 49.

mains nous invite à en faire autant. Méditez le texte ainsi conçu : « En vérité, tout pour l'Amérique. Les moutons ont été élevés dans les collines du Sud, l'étoffe a été tissée selon la bonne vieille manière par une colonie de tisserands ne travaillant qu'à la main. »

La maison Marshall Field annonce de la façon suivante une mise en vente de pardessus :

« Pardessus de coupe élégante pour l'automne et l'hiver.

« L'approche de la saison plus froide force tous les hommes à penser à un nouveau pardessus. Dans nos vastes stocks, il vous est aisé de trouver le pardessus qui vous convient et vous donne satisfaction. — Façon de Londres ou façon américaine, tissus forts ou de laine fine anglaise, style fantaisie ou classique, tous les genres sont représentés. — Nous avons des pardessus vraiment personnels et d'une ligne spéciale. — Leur allure provient de ce que tous leurs éléments ont été conçus par des experts et exécutés par des artistes. — Prix : de 20 dollars à 75 dollars. »

Tout le monde sait que la plupart des clients se montrent d'abord rétifs aux achats; pour les obliger à dépenser leur argent, on doit faire un effort, certifier que la chose mise en vente est nouvelle, avantageuse. Cet effort que font le marchand et le commis au comptoir, il faut l'exercer également dans les annonces.

Benson et Rixon, pour vendre plus de complets que les autres, ont trouvé une idée, ils les vendent avec deux pantalons. C'est un programme. Ils le présentent dans un cliché dont le dessin n'a rien de particulier et que nous ne reproduisons pas, mais dont le texte contient de bons arguments, bien qu'ils soient exprimés dans une langue amphigourique. Ils disent : « Costumes complets avec deux pantalons. Grâce à cette paire de pantalons supplémentaire, le costume se porte deux fois plus longtemps. N'achetez pas vos vêtements comme votre papa ou votre grand-papa les achetaient. Achetez de la nouvelle manière le complet avec deux pantalons. Si vous suivez les sentiers battus de la convention, l'herbe peut pousser sous vos pieds. Lorsque nous avons songé à vendre des complets avec deux pantalons, nous avons choisi le sentier de l'originalité. C'était une idée neuve, lumineuse, comme un flambeau, une idée économique. Elle s'est répandue comme une traînée de poudre. Nous vous prions instamment de ne pas acheter des vêtements comme faisaient votre papa et votre grand-papa, parce que nous vous offrons une meilleure méthode. Edison nous a donné la lumière électrique, pour remplacer la chandelle de suif. Le génie de Bell a rénové la pensée du monde. Une nouvelle pensée, de nouvelles idées, voilà ce qu'on demande maintenant.

« En imaginant notre nouvelle mise en vente de complets avec deux pantalons, nous avons pu réduire de moitié vos frais d'habillement, parce que cette paire supplémentaire de pantalons double la durée de votre costume. Cette économie est un véritable cadeau pour ceux qui achètent nos vêtements. On l'apprécie et ce qui le prouve, c'est la foule qui, tous les jours, assiège nos magasins. »

.*.

Les banques aux-État-Unis ne font pas de publicité déguisée. Elles emploient la forme commerciale des annonces. Aussi la *Bankers Trust Company* publie-t-elle un cliché franc, net, loyal (fig. 50). Elle parle de son service de garde de titres d'une manière inaccoutumée en France et donne un dessin qui produit plus d'effet que le coffre-fort dont nos grands établissements de crédit ornent la modeste annonce qu'ils publient pour la location des coffres.

A côté du dessin, un petit texte dit : « Une des portes de la cave de la Bankers Trust Cy. » Et cette porte inspire confiance.

L'appel est : « Vos valeurs gardées en sécurité dans notre grande cave. »

Ensuite, le corps de l'annonce exprime ceci : « La garde des titres est un des services les plus importants rendus par la Bankers Trust Cy.

« Toutes les valeurs qu'on nous confie sont déposées dans la grande cave de notre maison, Wall Street, 16.

« Nous croyons que cette cave est la plus solide et la plus sûre qui puisse se construire, elle présente la plus sûre défense possible contre l'incendie, l'inondation, les tremblements de terre, les émeutes et les cambriolages. »

La compagnie donne ensuite des détails sur la manière dont elle suit les mouvements des titres, encaisse les coupons et en toutes circonstances tient les lieux et place des porteurs.

.*.

L'actualité forme un excellent thème pour l'appel d'une annonce. Voyez le cliché *Cyrilla* (fig. 51). Il débute par ces mots : « Conformément à l'invite du gouvernement ».

Cela est publié pendant la guerre, à une époque où tout le

monde subit des restrictions et où chacun s'efforce d'aider à la prospérité de la nation par les privations qu'il s'impose, c'est une

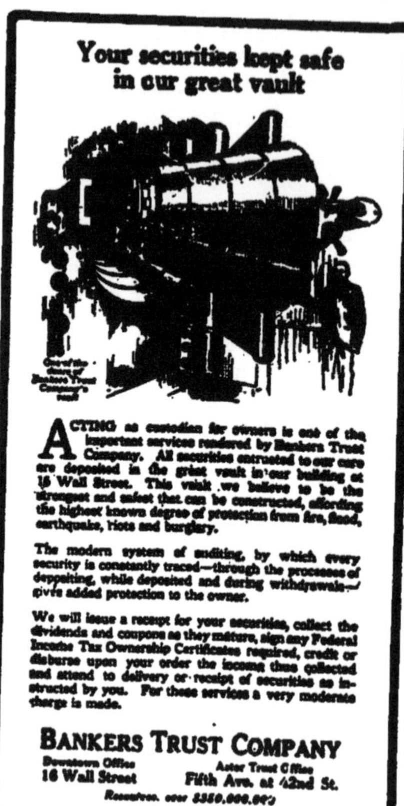

FIG. 50.

habileté pour attirer l'attention du lecteur et se concilier ses sympathies.

L'appel est complété, commenté par la phrase qui suit : « Epargnez le fer-blanc, achetez l'huile en flacon. »

Puis vient l'argument spécial à la marque : « Employez l'huile d'olive *Cyrilla*, parce qu'aucune autre ne peut donner le même .

goût, le même bouquet à vos menus d'été. Chez tous les épiciers, etc.... »

Pour un cliché qui veut être simple et qui parle d'un produit connu. celui-là est parfaitement composé.

En été la direction de la maison de charcuterie *Sainsbury* met sous les yeux du public une annonce ingénieuse.

A cette époque bien des gens se disent : « Qu'allons-nous manger ou qu'allons-nous emporter à manger à la campagne? »

Ils ouvrent leur journal et trouvent la réponse : « Pour les jours d'été la saucisse *Breakfast Sainsbury* ».

L'annonce ajoute : « Elle est tout indiquée pour les piques-niques, c'est l'idéal pour les sandwiches et les collations à la campagne. Elle est économique ; pas d'os, pas de déchet, elle ne nécessite aucune cuisine. Cette délicieuse saucisse est faite d'après la fameuse recette de la Cité qui a conquis les suffrages de milliers d'hommes d'affaires de Londres. (Il s'agit d'autres salaisons de la même marque appréciés dans les bars de la Cité.) On livre n'importe quelle quantité. »

Cette annonce suscite aussi quelques réflexions.

Elle a trait à une saucisse qu'on ne vend que dans les succursales de la maison, qu'on ne trouve pas chez les épiciers ou les charcutiers. Pour la consommer, les clients sont obligés de faire une commande ou de se déranger pour aller la chercher.

Ce produit se trouve donc dans des conditions de vente difficiles ; néanmoins, grâce à la publicité, il se débite par tonnes. C'est là un exemple de plus de l'effort des industriels anglais et de la puissance d'une publicité bien comprise.

Nous sommes en pleine guerre, nous subissons des restrictions, le commerce devient difficile.

Le sucre et le lait se raréfient, les maîtresses de maison en sont désespérées. La tasse de chocolat du matin ou du soir est-elle compromise? Non, car *Cadbury* annonce que pour consommer son cacao en poudre, une nourriture complète, il n'est besoin ni de sucre ni de lait. Et cette affirmation ni sucre ni lait, qui tient aux préoccupations de l'époque de guerre, saute aux yeux. La marque, qui est très connue, se dispense de donner d'autres arguments.

Une autre maison n'a pas manqué de faire défiler les explications devant le lecteur. Cette annonce débute ainsi :

« Nourriture de guerre de *Bird*. Le sucre est une nécessité pour les enfants. Comment faire pour en avoir davantage? »

Toutes les familles sont intéressées par ce début.

On lit la suite et l'on voit que le sucre est un aliment indispensable pour les petits. Le meilleur moyen d'augmenter leur ration de sucre est donc de mélanger à leurs aliments de la crème *Bird*, qui est également bonne pour accroître la valeur nutritive d'un pudding. La crème *Bird* convient aussi pour manger des fruits.

Tous ces arguments sont largement exposés en style simple,

FIG. 51.

clair, sans emphase. Le plan du cliché est solide : Une illustration en haut, une autre en bas, un petit bonhomme qui retient l'attention, un appel excellent : « Le sucre est une nécessité pour les enfants. »

La maison *Burberry* offre en ces termes son vêtement imperméable : « *Le Burberry*. — Quand un vent âpre vous glace jusqu'aux moelles, pousse le verglas sous son souffle sinistre, le soldat comprend avec reconnaissance quelle chaleur lui apporte le *Burberry*.

« Le démon du vent vient battre en vain sa surface impénétrable, il ne fait qu'accentuer la sensation de bien-être intérieur.

« Quand la pluie lourde, chassée par la tempête, frappe avec furie sur la surface du *Burberry*, elle ne peut qu'y former des ruisseaux qui tombent sur le sol et reconnaît tacitement l'échec de sa tentative pour nuire à celui qui en est revêtu ou pour l'incommoder.

« Quand le temps est doux avec une petite pluie fine, le confort de *Burberry* est aussi sensible que jamais : même pendant les excercices les plus violents, ou ne ressent pas de chaleur déprimante ou énervante qui est le fléau des imperméables, lesquels condensent la chaleur et enlèvent toute activité.

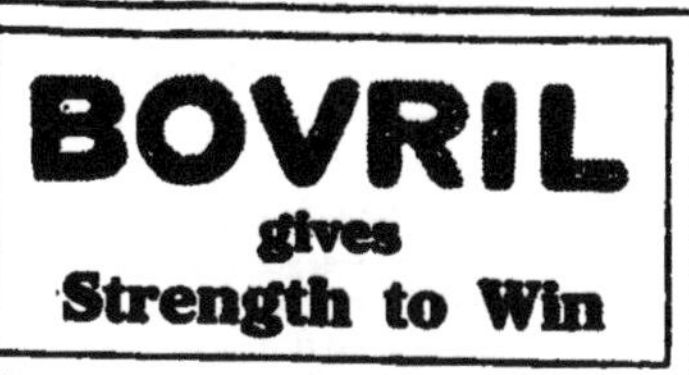

FIG. 52.

« Le *Burberry* est d'une grande utilité, il conserve celui qui le porte sain, sec et chaud par les temps doux ou âpres, parce qu'il est un ventilateur naturel, filtrant l'air vicié et maintenant une provision constante de fraîcheur comme dans un appartement bien aéré, et conserve toujours le corps à une température normale ce qui est nécessaire pour la santé et le bien-être général. »

C'est aussi à l'actualité de la guerre que *Bovril* emprunte les arguments de sa publicité; dans un cliché solennel d'allure et sans illustration, *Bovril* s'impose. Il dit : « Bovril donne la force de vaincre » (fig. 52).

Affirmation solide qui suffit pour une marque aussi connue.

* *
*

Les Anglo-Saxons ne se servent pas seulement de la publicité pour lancer un produit, ils s'en servent également pour diffuser une idée, qui prend ainsi une force singulière de pénétration.

Voici une annonce bien faite, publiée en 1917, et qui a pour objet d'aider la propagande en faveur d'un emprunt national.

Buying
this coat
helped
the
Germans.

THIS COAT is made of material which was brought from abroad. All such material occupies space in ships which should be set free for food and other necessary things. To encourage unnecessary imports is to play into the hands of the enemy.

This coat was designed, made up and sold after the material was imported. This meant an employment of skill and time and labour which should have been spent on work urgently needed to win the War.

To demand personal service of this kind is to limit the equipment of the Navy and the Army and to imperil victory.

This coat cost £100. It gives comfort and pleasure to only one individual.

If the money spent in buying it had been lent to the Nation it would have provided 100 soldiers with 160 rifle cartridges each, and thus have given them 16,000 chances of reducing the strength of the enemy.

EXTRAVAGANCE in dress in a time of war is not only folly; it is a national crime.

Help your Country and don't help the Germans.

FIG. 53.

L'auteur présente un cas concret, vivant, qui atteint tous ceux qu'il doit toucher. On croirait que l'auteur parle dans l'intimité avec un ami. Par la traduction, vous pouvez juger de la valeur de cette annonce (fig. 53).

« En achetant ce manteau, vous aidez les Allemands.

« Ce manteau est fait d'une matière qui a été achetée à l'étranger. Toute cette matière occupe de la place sur les bateaux qui pourraient être chargés de choses plus utiles, comme des aliments. En encourageant ces importations inutiles, vous faites le jeu des ennemis.

« Ce manteau dessiné, exécuté, vendu, après cette importation inutile de matières premières, a nécessité une adresse, un temps, un travail qui auraient été mieux employés à une œuvre de guerre.

« En demandant ainsi un travail pour votre personne, vous gênez l'équipement de la marine et de l'armée et vous mettez une entrave à la victoire.

« Ce manteau coûte 100 livres. Il fait plaisir et ne sert qu'à une seule personne.

« Si cet argent employé à un achat avait été prêté à la Nation, il aurait servi à munir 100 soldats de 160 cartouches chacun et aurait donné 16 000 chances de réduire la force de l'ennemi.

« La prodigalité dans la toilette en temps de guerre n'est pas seulement une folie, c'est un crime.

« Aidez votre pays, n'aidez pas les Allemands. »

Voici, par la publicité commerciale, un appel en faveur d'une œuvre de préservation de l'enfance, notamment des enfants dont le père est à la guerre. Le dessin nous montre un beau petit gars, l'espoir de demain, vigoureux et bien portant parce qu'on s'occupe de lui, tandis que ses aînés combattent pour la Patrie.

L'annonce commence par ces paroles saisissantes :

« Les enfants n'ont jamais été plus utiles à l'État que maintenant. »

Puis vient un extrait d'un discours du ministre de l'Intérieur qui a dit : « Un tiers de la population infantile périt avant d'atteindre l'âge d'un an, tandis que des milliers de plus âgés sont mutilés par suite de sévices ou de négligence. »

Aussitôt après un appel direct au lecteur est lancé :

« Vous pouvez aidez à sauver les enfants. »

Quel homme, ayant lu ce cri, osera détourner les yeux du reste de l'annonce?

L'auteur fournit ensuite des détails sur l'œuvre, enfin il donne des précisions très vivantes sur l'emploi des souscriptions :

« 10 livres permettent de garder un enfant pendant six mois et de lui donner des soins médicaux.

« Une livre habille un enfant pendant six mois. »

L'organisation de l'Église aux armées sollicite des subventions.

FIG. 54.

Elle ne publie pas une lettre pathétique, elle fait insérer un cliché dans les journaux.

Son appel est : « Pour les soldats bien portants et pour les malades. »

Elle continue : « Baraques et tentes de récréation de l'Église aux armées. Elles fournissent des aliments, des boissons, du confort, du repos.

« Cent autres tentes sont d'un besoin pressant.

« Une cabane coûte 500 livres tout équipée, une tente 300. Voulez-vous nous donner une baraque ou une tente et l'appeler de quelque nom cher, d'un vivant ou d'un disparu. Cent mille livres sont nécessaires de suite pour créer 800 centres. »

A ce cri s'ajoute un dessin qui évoque un de ces camps de repos si utiles pour les soldats.

L'annonce américaine *Hursen* (fig. 54), qui concerne une entreprise funéraire ne peut, pour bien des raisons, servir d'exemple en France, nous la donnons comme une curiosité. En tout cas il n'est pas inutile d'en regarder la disposition qui est bonne et adéquate à l'objet.

En bas, le dessin représente l'entrée d'un grand cimetière et l'automobile qui peut contenir *tout un convoi* funéraire et le transporter à la nécropole, aller et retour, pour 25 dollars.

M. Hursen, directeur de l'entreprise, rappelle que tout Chicago sait ce qu'il a fait, comment il a lutté pour faire abaisser le prix des transports funéraires.

Enfin il est arrivé à ce prix exceptionnel de 25 dollars.

Il donne la description de ses automobiles qui sont souples et confortables. Il appelle l'attention sur l'économie réalisée, indique que les personnes qui accompagnent le corps sont transportées en voiture sans avoir aucune dépense personnelle à effectuer.

Le directeur fait remarquer aussi qu'en s'adressant à sa maison, on n'a pas à craindre de voir porter sur la note des frais supplémentaires, des frais habilement masqués.

Le langage du directeur de cette entreprise funéraire est empreint de dignité, de franchise, il parle nettement, sans douleur hypocrite, sans grimace de condoléance, en organisateur qui sait que la mort, comme la vie, doit être conduite avec méthode et sang-froid.

La même maison Hursen publie un autre cliché pour engager les gens à considérer un enterrement comme n'importe quelle autre affaire.

M. Hursen rappelle encore la lutte qu'il soutient contre une autre entreprise, il fait comparer ses prix à ceux de ses concurrents et enfin il parle de l'élégance et du confort de ses voitures.

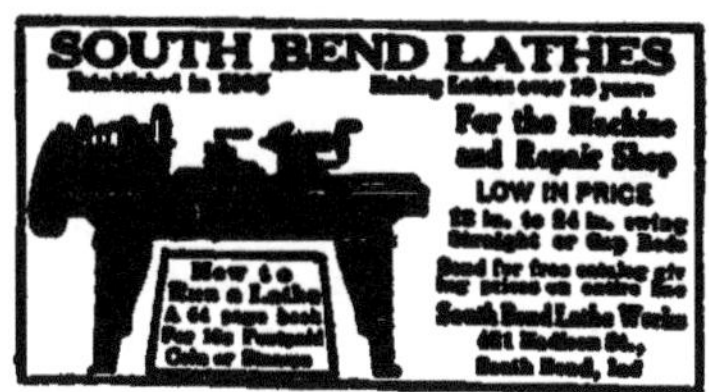

CHAPITRE VI

LA PUBLICITÉ RÉDACTIONNELLE

Apprenez à faire des échos. — On peut aussi faire dans les journaux de la publicité rédigée comme le reste de la feuille, sans que rien ne la distingue des échos, des articles ou des informations ordinaires. Cette publicité, dite rédactionnelle, a cause de sa forme, cherche autant à se dissimuler que l'autre, la publicité en annonces, s'efforce d'apparaître et d'attirer l'attention. La publicité rédactionnelle tâche de se faire passer pour du texte du journal dû à la rédaction. Elle demande un peu d'habileté et d'esprit. Elle doit commencer par un titre ou quelques mots susceptibles de prendre l'attention du lecteur. L'actualité fournit toujours un excellent thème. Mais il est nécessaire d'avoir du doigté pour éviter ce qui peut causer quelque froissement. Les annonceurs qui se servent des accidents ou des calamités publiques pour faire de la réclame manifestent d'un mauvais goût qui est préjudiciable à leurs intérêts.

La surprise que cause au lecteur la publicité dissimulée ne l'agace pas, elle l'amuse au contraire. Celui qu'a séduit l'ingéniosité d'un écho le répète volontiers à ses amis. Il devient ainsi un agent bénévole de propagande.

Il retiendra d'autant plus le nom d'un produit et le redira d'autant plus facilement que l'écho contiendra une phrase à consonance de mots, ou bien une question familière amenée avec adresse : Où allons-nous ? Où court-il ? etc.

La répétition fréquente, la scie, comme on dit vulgairement, provoque le succès pour les Échos.

La règle primordiale pour transcrire de la publicité en échos ou en informations est de bien savoir à qui elle s'adresse et de modeler son style sur cette connaissance.

Sachez à qui vous parlez, vous saurez comment parler.

Si vous voulez être lu par les mères de famille ou les jeunes filles vous n'écrirez pas de la même encre que pour les gens qui fréquentent les cafés et les restaurants.

En même temps votre style s'adaptera au sujet. Un apéritif ne se présente pas dans la même note qu'un parfum. Du plaisant à l'élégant vous avez toute une gamme à votre disposition. Enfin il faut songer aussi à la publicité qui doit intéresser tout le monde ; le ton familier, bonhomme, anecdotique est tout indiqué ; des noms connus ou des types piqués dans votre récit lui donnent de l'attrait.

Exemple :

Joseph Prudhomme croit la société menacée. Et le voilà, levant les bras au ciel, s'écriant avec des larmes dans la voix : « Où allons-nous? Mon Dieu! où allons-nous? »

Gavroche aussitôt lui répond :

« Où allons-nous, gros père? C'est bien simple, nous allons chez Bostock. »

Qui a raison de Gavroche ou de Joseph Prudhomme ?

C'est le premier assurément. Et la preuve c'est que Joseph Prudhomme suit Gavroche à *L'Hippodrome*. Il en revient avec une provision de gaîté et tout prêt à déclarer avec le docteur Pangloss que, somme toute, la vie est bonne et que tout est pour le mieux dans le meilleur des mondes.

Dans la note sentimentale :

Prière aux personnes qui pourraient fournir des renseignements sur un petit garçon d'une douzaine d'années disparu du domicile paternel depuis le 1er novembre de vouloir bien nous les adresser. Il portait un costume de velours, noir garni de dentelle au col et aux manches, et répond au nom de Marius. Il a été vu ces jours derniers à la terrasse d'un café du boulevard, prenant un verre de Dubonnet.

Le ton facétieux :

Une nouvelle à sensation nous parvient des espaces planétaires : Saint Antoine, tant de fois tenté infructueusement, viendrait de succomber au monstrueux péché de la gourmandise.

Le vénérable saint aurait, dit-on, dévoré son ami... depuis le groin jusqu'à la queue. Interrogé par le père Eternel, indigné de son accès de goinfrerie, il aurait répliqué que son estomac se pouvait permettre de faire ripaille depuis que la Feuillantine, la liqueur des moines de l'Abbaye de Limoges, était devenue son ordinaire, la justice céleste informe.

La note élégante :

Le pas froufroutant d'une femme nous appelle, son regard nous accueille, mais son parfum nous enveloppe. Les parfums les plus enveloppants sont les créations de Pinaud.

La note d'actualité :

M. PICHON A TUNIS

M. Pichon, accompagné de son chef de cabinet et du commandant Barra, s'est rendu chez le prince héritier Mohamed, qui l'a reçu dans son palais de la Marsa. Notre ambassadeur, qui a reçu le plus sympathique accueil, a été émerveillé des splendeurs orientales qui ornent ce palais : tapis, broderies, panoplies, comme on en trouve seulement au Mikado, 41, avenue de l'Opéra.

Dans d'autres cas, lorsque la publicité rédactionnelle doit être placée en dehors des colonnes contenant exclusivement du texte comme les colonnes d'échos, les faits divers, on fait précéder le texte de la réclame d'une ligne en très gros caractères écrite dans une tournure capable de la faire remarquer. Cette phrase joue le même rôle que l'appel de l'annonce. Quelquefois même on n'emploie qu'un mot.

Exemples :

JAMAIS

vous ne retrouverez les magnifiques occasions en tapis d'Orient que nous vous offrons aujourd'hui. Nous avons acheté dans des conditions exceptionnelles toute la cargaison d'une caravane qui avait hâte de regagner son village. Vous trouverez chez nous le tapis que vous cherchez et certainement à un prix que vous n'espériez pas. C'est la première fois et sans doute la dernière que nous pouvons vous offrir de telles occasions.

PETIT Frères, Place de la Bourse.

ON VOUS INVITE A DINER

chez DURAND, rue Saint-Martin, 232.

Pour 2 francs on a droit a

deux plats au choix, un dessert, le café. Le tout, de première qualité, est bien servi. Ce n'est plus la peine de manger chez soi avec tous les ennuis que cela comporte. En allant chez DURAND, on fait des économies.

VOUS IREZ LOIN

si vous vous faites chausser à la grande cordonnerie Dupont,
rue de Seine, 231.

Chaussures rationnelles s'adaptant à tous les pieds, même les
plus délicats. La qualité n'est pas au détriment de l'élégance.
Dupont chausse comme on gante, et ses prix sont très raisonnables.

SI LA MACHINE A ÉCRIRE POUVAIT PARLER

elle vous dirait : J'apporte une supériorité à ceux qui m'emploient à la place des antiques porte-plumes. Je fais gagner du
temps dans l'expédition de la correspondance, mais le Chronographe Just fait gagner plus de temps encore, parce qu'il sert
dans tous les actes de la vie. Il mesure impartialement la tâche
qui est départie à chaque minute. Le Chronographe Just est à la
portée de tous par ses conditions de vente. Huit jours à l'essai.
Garantie dix ans. Réparations gratuites.

Sous la forme d'une nouvelle véritable, l'écho de publicité produit un bon effet à rendement indirect, surtout un effet de réputation qui vient s'ajouter à l'effet commercial provenant d'une
autre publicité.

Exemple :

C'était un jour de fête, hier, pour les pauvres du xviiie arrondissement. Ils ont tous
eu un repas composé de plusieurs plats préparés par des chefs de premier ordre, le
tout arrosé d'un verre de bon vin.

Ce festin était dû à la générosité de M. Raimond, le grand restaurateur du boulevard des Italiens, dont la cuisine s'est acquis une si juste renommée. M. Raimond a
voulu que les pauvres pussent avoir leur part de plaisir en prenant place à une
table où la succulence des mets eût satisfait les heureux de ce monde.

Si le sujet s'y prête, on a la faculté de développer la nouvelle
sous une forme pittoresque, qui doit provoquer un sentiment de
puissance qui attire la clientèle.

Exemple :

Un mouchoir de poche n'est pas bien grand, pourtant le stock de mouchoirs que
vient de recevoir la maison Bienvenu, 14, chaussée d'Antin, pourrait couvrir toute
la place de l'Opéra. Et encore il n'y en aura peut-être pas pour tous les amateurs
de belle toile, qui veulent avoir de bons mouchoirs sans les payer plus qu'ils ne
valent. Mise en vente, lundi prochain, à partir de huit heures du matin.

L'art de faire des articles. — C'est une publicité noble et coûteuse que celle qui emprunte la forme d'articles pour atteindre la clientèle. Des princes de la plume ne dédaignent pas de signer de leur parafe cette réclame de haute lice. Néanmoins n'allez pas croire que pour obtenir un rendement, il suffit d'accrocher des mots les uns derrière les autres comme les wagons d'un train. Si vous étiez gagné par cette croyance malheureuse, la perte de quelques centaines de mille francs vous ouvrirait les yeux en un temps relativement court.

Qu'il s'agisse d'un article ou d'une annonce, vous ne devez prendre votre plume que pour tracer avec les mots des images qui suscitent chez le lecteur l'envie d'acheter. La phrase n'est que le fil conducteur qui mène le public où l'on vend. Si donc on disserte dans un article de tout ou de rien, pour terminer par deux mots de réclame, on a fait un piètre travail.

Il faut élaborer un titre et des sous-titres qui éveillent l'attention. Puis on crée un intérêt et une atmosphère susceptibles d'influencer assez le lecteur pour le convertir en un acheteur.

Il importe donc de prendre le sujet à développer dans l'ordre d'idées où se range le produit à vendre. Tous les arguments doivent tendre à préparer le lecteur à reconnaître que ce produit lui est indispensable.

Comme l'annonce, l'article a besoin d'être argumenté, sans quoi il reste dépourvu de valeur.

Il est même nécessaire que les arguments précédent l'énonciation du produit, d'aucuns pourraient commettre l'erreur de les faire suivre cette énonciation.

Ils perdent de leur importance, on le saisit facilement, s'ils viennent après que le voile de la publicité a été déchiré.

Le ton de l'article est dégagé, simple, mais vigoureux et enthousiaste. Si votre texte empeste la réclame, le public le lâchera dès les premières lignes, s'il distille le venin de la haine ou la bile du scepticisme, le public décontenancé s'arrêtera au seuil où vous l'accueillez si mal.

Soyez un peu psychologue, n'oubliez pas que l'homme aime ses vices mais déteste ses défauts. Vous respectez ses vices et vous faites l'éloge des qualités opposées à ses défauts.

Parlez-vous à des gens fatigués, vous évoquez les joies de la santé; parlez-vous à des faibles, vous dressez sous leurs yeux une image de la force.

Et votre conscience ne peut que vous féliciter; l'enthousiasme et la force sont les agents du succès, ils portent une nation au triomphe. Vous êtes le bon Samaritain de la publicité, vous faites acheter des marchandises françaises, vous servez de trait d'union entre producteurs et consommateurs, vous êtes un agent de circulation de la richesse et vous ajoutez votre réconfort moral aux avantages de l'appareil que vous décrivez ou aux bienfaits du médicament que vous recommandez. Et vous savez que le facteur moral participe toujours à l'action d'un remède ou d'une méthode.

Quoi de plus triste et de plus immérité que la vieillesse, par exemple? Quoi de plus fictif?

Ne peut-on pas rester jeune aussi longtemps qu'on a la volonté de ne pas vieillir? Alors pourquoi ne pas se défendre contre les rides qui trahissent souvent les plus juvéniles aspirations? Lisez ceci et voyez comment se présente un article de publicité quand il est bien fait:

Comment nos grand'mères
s'arrangeaient pour paraître jeunes à soixante ans.

« C'est étrange », remarquait il y a quelques jours un vieux chimiste, « que tant de femmes maintenant persistent à essayer sur leur visage toutes sortes de systèmes patentés, dangereux et compliqués, dans l'espoir d'enlever leurs rides, lorsqu'elles pourraient si facilement arriver à ce résultat en employant le simple et vieux remède de leurs aïeules. Autrefois, une femme paraissait relativement jeune à soixante ans; aujourd'hui la plupart des femmes ont des rides bien avant trente ans, et pourtant rien de nouveau n'a été inventé qui puisse être comparé à la cire aseptine, remède du vieux temps. On peut encore facilement la trouver chez tous les pharmaciens, et les annales médicales prouvent de façon incontestable qu'elle était employée par les beautés les plus fameuses des plus belles Cours. N'indiquent-elles pas que, grâce à elle, Mᵐᵉ Récamier et la du Barry conservaient une jeunesse éternelle? Si on masse légèrement le visage avec un peu de cire aseptine, les pores sont nettoyés, éclaircis, et la peau bien entretenue est préservée des rides, le teint le plus terreux devient éclatant. Je l'avais, à l'occasion, signalée à des femmes dont le visage était couvert de rides et de plis, et en peu de temps, pour ainsi dire, toutes traces en avaient disparu. Avant de sortir on se met un léger nuage de poudre de riz et la figure prend un air jeune, frais et délicieux. Ma propre fille a près de cinquante ans; ce n'est qu'ainsi qu'elle conserve sa figure sans rides et si fraîche que la plupart des gens ne lui donnent pas trente-cinq ans. »

Le conseil ci-dessus indique un remède si simple, si inoffensif pour rajeunir une femme, que c'est avec plaisir que nous le publions dans l'intérêt de nos lectrices.

Les pilules *Pink* ont publié de très intéressantes séries d'articles illustrés. Citons en un:

Pourquoi beaucoup de jeunes filles ne trouvent-elles pas à se marier? Cela tient souvent à ce que leur mauvais état de santé éloigne les prétendants. Avouez qu'il est peu plaisant pour un homme jeune et sain de penser que sa femme sera continuellement malade et que, s'il fait souche, ses enfants seront débiles, souffreteux et mal armés pour la vie. Il est incontestable en outre que dans un ménage le mauvais état de santé est un fertile élément de discorde. Celui qui est toujours malade n'est pas gai, il est nerveux, il rend la vie impossible à tous ceux qui l'entourent. Ces raisons font que les jeunes filles qui n'ont pas la bonne mine de la santé sont délaissées. Dans bien des cas, il y a là de la faute des jeunes filles et de leurs parents. Elles sont nombreuses celles qui n'ont pas bonne mine et qui cependant ne sont qu'anémiques, chlorotiques. A l'époque de la croissance, de la formation, elles n'ont pas été soutenues, aidées avec un bon régénérateur du sang comme les pilules Pink, leur sang s'est appauvri et elles paient maintenant chèrement cette négligence.

Ensuite vient l'énumération des cas généraux où les dites pilules trouvent leur emploi.

La même firme a publié également des articles géographiques illustrés, l'Ile de Ré par exemple, avec une vue du port. Le texte déclarait que ses habitants jouissent tous d'une bonne santé parce qu'ils font à temps leur cure de pilules.

Maintenant essayons un peu la critique d'un article qui offre de nombreux défauts :

AUTOUR DU MARIAGE
Opinions de Luther, de Socrate et de Bacon.

Sur cette importante question, Luther a dit : « Jamais un homme ne fut heureux en prenant femme ». Socrate s'est exprimé ainsi : « Si vous vous mariez, vous vous en repentirez, si vous ne vous mariez pas, vous ne vous en repentirez pas ». Bacon, l'homme le plus sage de toute l'Angleterre, donna cet avis : « Si vous êtes jeune, ne vous mariez pas encore, si vous êtes vieux, ne vous mariez pas du tout. »

Si vous ne suivez pas les conseils de ces trois sages et si vous décidez de vous marier, prenez une femme qui soit en bonne santé. Le plus fertile élément de discorde est le mauvais état de santé. Celui qui est malade n'est pas gai, il est contradictoire, nerveux, il rend la vie impossible à tous ceux qui l'entourent. Aussi les pilules X... sont-elles indispensables dans toutes les familles...., etc.

Que doit-on reprocher à cet article? D'abord de ne pas créer d'atmosphère et de laisser le lecteur dans un état trouble, sans direction. Luther dit ceci, Socrate dit cela et tous deux avec Bacon recommandent de ne pas se marier. Pourtant l'article s'adresse aux gens mariés. D'où contradiction, manque d'unité dans la pensée; c'est une série de petites taches; il manque l'enveloppement lumineux qui donne au tableau sa couleur.

Ensuite, dire que les pilules X... sont indispensables dans toutes les familles parce que, en somme, toutes les personnes mariées forment de médiocres ménages où l'on se dispute, c'est faire une faute. On affirme en effet sans preuve une chose désagréable à tout le monde; on indispose contre soi. On présente les choses par leur mauvais côté, ce qui est un non-sens au point de vue publicité : nous avons plusieurs fois donné l'optimisme comme règle de penser.

A qui s'adresse cet article? A tout le monde, n'est-ce pas? Ceux qui sont mariés représentent la généralité, la loi commune, les autres sont l'exception. Alors il est préjudiciable à l'article de débuter par des citations qui exhortent à l'exception.

Il eût été plus rationnel de commencer l'article de la façon suivante : « Tout homme qui gagne bien sa vie a pour première ambition de trouver une bonne et fraîche compagne pour fonder avec elle un foyer dont la prospérité deviendra son unique joie et sa préoccupation la plus noble.

« Toute jeune fille souhaite s'unir à l'homme de son choix. Pourtant bien que tout foyer soit fondé sur l'espérance et l'amour, il s'élève parfois dans les ménages de ces petites querelles, dont la cause et l'origine sont insignifiantes, mais que l'excitation des nerfs grossit souvent et rend plus graves qu'il ne convient.

« La vie moderne prédispose à l'exaspération du système nerveux qui arrive à être plus fort que le sang, il est pourtant facile de rendre le sang si vigoureux qu'il domine le système nerveux et le commande. Les pilules X... n'ont pas d'autre objet; elles sont la sauvegarde de tous les foyers heureux.

« Pour éviter les petits troubles et tous les incidents qui ternissent le bonheur même momentanément, il suffit d'avoir recours à ces fameuses pilules et d'en prendre deux à chaque repas, c'est de la force, du sang, c'est de la vie que l'on prend ainsi. Et alors adieu les querelles, la mauvaise humeur, les ennuis. L'existence coule douce, heureuse, ensoleillée des joies les plus vraies et les plus pures. »

Après un bon début d'article qui suggère au lecteur le désir d'acheter le produit dont on parle, il faut en arriver à citer ce produit, alors on entre dans la deuxième partie de l'article : on ne quitte plus le produit que l'on a nommé, et on le présente avec toutes ses qualités et les services qu'il rend, le tout bourré d'arguments comme si l'on écrivait une annonce. Cette deuxième partie de l'article doit enlever l'achat. Quand le lecteur a achevé de la lire il doit s'être converti en un client prochain.

S'il est un impulsif, il écrira aussitôt pour passer une commande, si c'est un réfléchi, il vous demandera encore quelques renseignements complémentaires ou une brochure, si vous avez eu la bonne idée d'en faire imprimer une pour consolider les arguments et l'effet de vos articles et annonces. Mais de toute façon le lecteur devient un client acquis, il est une conquête qu'il suffit d'organiser, de coloniser.

Voici, comme exemple, un article scientifique qui a pour objet de faire vendre une pendule électrique, qui offre toutes sortes d'avantages sur les pendules ordinaires ; remarquez comment on prépare le lecteur à accueillir avec joie l'invention de cet instrument merveilleux.

L'article roule sur un sujet qui touche à l'heure et au temps ; puis dès que l'intérêt du public ainsi amorcé a été fixé sur cette pendule extraordinaire, on la décrit et on dit pourquoi elle marche bien. On n'essaie pas d'esbrouffer le public, on raisonne avec lui. On lui met l'article en main, comme disent les vendeurs, car la publicité verbale est en France infiniment plus développée que la publicité écrite et pourtant la publicité verbale ne peut s'exercer que sur le client déjà entré dans le magasin, tandis que l'autre va le chercher pour raisonner avec lui jusqu'au fond de la plus infime bourgade.

Exemple :

FAITS ET DOCUMENTS

UNIFIONS L'HEURE

Le premier Empire pratiqua à l'excès la manie d'unifier et de concentrer. Fontanes a pu dire un jour, en tirant sa montre : « Il est dix heures, tous les élèves des lycées de France font en ce moment une version latine. »

Le grand maître de l'Université se trompait, car si la Convention avait unifié l'heure, si l'Empire avait unifié même les versions latines, personne n'avait songé à unifier le mouvement des pendules et des horloges.

Actuellement encore, le territoire de la République française n'a qu'une seule heure, mais, d'une rive à l'autre de la Seine, les horloges quasi officielles indiquent une différence d'au moins dix minutes. Quant aux pendules des particuliers, elles marchent comme elles peuvent. Comment en serait-il autrement ? Pendules et horloges, mues par des rouages et un ressort capricieux, très sensibles au moindre changement de température, sont incapables de fournir une heure précise et régulière.

Les savants ont cherché pendant longtemps le moyen de remédier à ce grave inconvénient. Mais ce que la mécanique leur avait refusé, l'électricité le leur donna. Ce fut l'illustre physicien Cornu, professeur à l'École polytechnique, membre de l'Institut, qui appliqua le premier l'électricité à l'entretien des oscillations d'un balancier. Ses travaux furent complétés par M. Féry, professeur à l'École de physique et chimie de Paris, et par les frères Brillié, l'un ingénieur électricien, l'autre ingénieur des constructions navales, qui attachèrent leur nom à cet admirable instrument : la pendule Brillié frères, *qui ne se remonte pas, qui ne varie pas, et qui donne à la seconde l'heure de l'Observatoire de Paris.*

La pendule Brillié se compose d'un balancier terminé par un aimant en forme de ⊃, dont une branche traverse librement une bobine. Une petite pile, garantie pour cinq ans de fonctionnement et se remplaçant indéfiniment, lance un courant qui entretient les mouvements du balancier. L'amplitude des oscillations s'obtient automatiquement, et l'isochronisme en est parfait, grâce au courant d'induction déterminé dans la bobine par l'autre branche de l'aimant. De plus, le balancier est en métal Invar, dont le coefficient de dilatation est pratiquement nul. Ce métal est dû à M. le D^r Ch.-Ed. Guillaume, directeur du Bureau des poids et mesures.

Contrôlée à l'Observatoire, une pendule Brillié frères n'a varié que de trente secondes en sept mois, c'est-à-dire moins d'une minute par an.

Par son utilité comme par sa forme esthétique, elle trouve sa place partout : aussi, frappé de ses avantages, M. Auricoste, horloger de la marine de l'État et de l'Observatoire du Bureau des Longitudes, en est-il devenu le concessionnaire. Pour la vulgariser, il en a réduit le prix à 240 francs, payables à raison de 20 francs par mois, ce qui permet de la payer sans s'en apercevoir (au comptant, escompte de 10 p. 100). Dans ces conditions, personne ne peut se refuser un instrument aussi précieux, œuvre de quatre éminents savants français.   Maître Legrand.

Demandez à M. Auricoste, 10, rue de La Boëtie, Paris, la brochure descriptive illustrée qui contient tous renseignements sur l'historique, le fonctionnement et les conditions de vente de la pendule Brillié frères.

Ici, on a donné les prix et l'on a eu raison.

C'est un principe commun à tous les genres de publicité de faire mention du prix, lorsque celui-ci, par son bon marché, est un argument de plus en faveur du produit. Pour que le prix ne saute pas aux yeux et ne dévoile pas la nature utilitaire de l'article avant qu'on ne le lise, je recommande d'écrire la somme en lettres et non pas en chiffres.

La forme historique et anecdotique est bonne pour les articles de publicité, à condition qu'elle soit bien adaptée.

CHAPITRE VII

LA PUBLICITÉ A SOI. — LA PUBLICITÉ INDÉPENDANTE ET PERSONNELLE

La brochure décide de la victoire. — Du jour où Gutenberg inventa l'imprimerie, des siècles de progrès s'ouvrirent pour le monde. A l'ignorance et à l'indifférence succéda le besoin des recherches et des discussions.

Si l'imprimerie a modifié la civilisation, fait évoluer les intelligences et les consciences, si, aujourd'hui encore, elle peut créer une opinion, modifier des idées, comment n'aurait-elle pas la force d'établir un courant favorable à la consommation d'un produit?

Si au moyen de pamphlets, de satires, de libelles, l'imprimerie a la puissance de renverser un empire et débrider la révolution, ne peut-elle pas, à plus forte raison, au moyen de brochures, soulever la sympathie de la foule?

On a donc raison de dire que le succès commercial vient sur un flot d'encre.

Une brochure bien faite est une arme admirable autant pour combattre en faveur d'une idée qu'en faveur d'un produit.

Elle est indispensable à toute publicité qui veut s'organiser solidement et triompher de l'apathie et de l'indifférence du public.

La brochure, en tant qu'organisme de la publicité, peut se suffire à elle-même, mais elle complète une publicité par annonces comme le sabre complète l'uniforme pour faire un soldat.

Nous l'avons déjà dit et nous le répétons, puisque l'occasion s'en présente de nouveau, il n'est pas de publicité sans arguments.

L'affirmation d'une qualité n'a pas de valeur si on ne dit pas pourquoi le produit possède cette qualité.

On est obligé d'expliquer loyalement au public les avantages de ses produits.

On comprend qu'il est difficile d'être très explicite dans une annonce qui s'étend sur une hauteur de trente ou soixante lignes. Le maximum, à mon avis, doit être pour une annonce, soixante-quinze lignes sur deux colonnes.

Il y a des gens qui publient des annonces énormes, des placards. Dans bien des cas ils ont tort, de telles annonces coûtent un prix fou et ne vivent qu'un jour comme les autres de dimensions plus modestes. Ces annonceurs ressemblent un peu à des gens qui, pour aller à la chasse au gros gibier, prendraient un canon au lieu d'un fusil à répétition.

C'est donc aux annonces de dimensions moyennes qu'il convient d'avoir recours. Il devient nécessaire d'appuyer leur effet par une brochure qui expose avec force et raisonne tous les arguments.

Dans ce cas, l'annonce a surtout pour objet de faire demander la brochure par le lecteur qui commence à s'intéresser au produit. Elle n'en doit pas moins être rédigée avec enthousiasme pour faire désirer la brochure et amener en même temps un certain nombre de commandes directes parmi les lecteurs impulsifs plus faciles à convaincre que les autres.

Pour susciter des demandes de brochure, on déclare à la fin de l'annonce que celle-ci est envoyée gratuitement. C'est une faute de vouloir en faire payer le port. Si on se croit obligé de resserrer le budget des dépenses, il vaut mieux éditer une brochure moins belle mais gratuite, elle aura plus de succès qu'un livret luxueux pour lequel il faudra d'abord envoyer de l'argent. Du fait qu'on prend la peine de vous écrire pour avoir la brochure, c'est qu'on tient à la lire, on ne la jettera donc pas au panier dès sa réception; on la lira. Il suffit qu'elle soit convenable ou confortable : couverture un peu résistante, papier de bonne qualité prenant bien l'encre, celle-ci d'un beau noir. L'ensemble sera agréable, d'une lecture commode, grâce à des caractères nets, sympathiques à l'œil, à des alinéas fréquents, à des espaces blancs abondants, pour éviter au lecteur fatigue ou effort. Des titres et sous-titres à effet intriguent le lecteur et retiennent son attention.

Une brochure a besoin de développer son sujet sous toutes ses formes, mais sans longueur, il vaudrait mieux être trop court que trop long. Le maximum des pages ne peut dépasser trente, sous peine de susciter l'ennui. Une bonne moyenne est de seize pages.

Les dimensions favorables sont de 20 centimètres en hauteur sur 11 de large, ou 11 1/2; les dimensions de 15 sur 12 sont acceptables aussi, quoique moins élégantes. Pour établir les dimensions d'une brochure, il faut tenir compte des mesures des feuilles de papier que l'on choisira, de façon à diminuer autant que possible et même supprimer les déchets de la rognure. Il faut tenir compte aussi du poids de la brochure d'où découlera la taxe de la poste.

Une brochure illustrée offre plus d'attrait qu'une brochure toute en texte.

Un dessin toutes les deux pages suffit. Le dessin se place sur la page de droite, pour une simple question de visibilité, car lorsqu'on feuillette une brochure, on tient légèrement relevé le côté gauche, tandis que le côté droit restant à plat est le seul qu'on regarde.

Vous pouvez employer des papiers teintés et des encres de couleur, mais souvenez-vous que rien n'est encore supérieur au noir sur blanc. La couleur augmente le prix de revient.

La couverture exige des soins, c'est la façade de la maison où tout bon architecte aime mettre son savoir-faire que loue le passant.

Un dessin sobre, formant tache, une devise, pour engager le lecteur à ouvrir, en sont les ornements. Sur la couverture pas d'adresse, pas de firme, un nom d'auteur si vous pouvez.

Les devises qu'on écrit sur la couverture sont conçues dans cet esprit :

Après avoir lu, vous serez convaincu.

Lisez jusqu'au bout, il y va de votre intérêt.

Voyez comment vous pouvez gagner de l'argent.

Comment combattre la vie chère (titre d'une jolie brochure éditée par la Compagnie du gaz pour vulgariser l'emploi de ce moyen d'éclairage et de chauffage).

Vous pouvez arriver au succès, lisez cette brochure.

Soyez toujours jeune et jolie.

Conseils pratiques pour rester jeune.

La guérison est à portée de votre main.

Rien ne vous force de lire si ce n'est votre intérêt.

Ne lisez pas si vous n'avez pas confiance en vous.

Toutes ces phrases qui ont pour objet de piquer la curiosité du public varient suivant le tempérament des lecteurs que l'on vise.

Une couverture prend de la vitalité quand le titre est imprimé en couleur sur papier teinté

Une couverture blanche ou grise s'harmonise avec les encres de n'importe quel ton, bien qu'avec une encre de couleur pâle, l'ensemble devienne fade.

Voici des couleurs qui se marient bien les unes avec les autres : Couverture rouge, encre noire. — Écarlate, encre vert foncé. — Rouge foncé, encre bleu clair. — Orangé, encre violette. — Bleu foncé, encre jaune. — Vert clair, encre noire. — Bleu foncé, encre bleu clair. — Émeraude, encre carmin. — Brun, encre bleu clair. — Brun, encre vert Véronèse. — Chamois, encre lie de vin. — Chamois, encre bleu brillant.

On cherche toujours à avoir des valeurs différentes entre la couverture et l'encre pour augmenter la visibilité.

Le style d'une brochure est celui de toute la publicité, simple, persuasif, énergique, imagée.

Il nous est impossible de donner un exemple de brochure, malgré notre volonté d'illustrer d'exemples tous les sujets que nous traitons, mais nous pouvons reproduire le début d'une brochure qui a fait vendre des milliers de chronographes à la marque Just :

Prenez-vous encore la diligence ? — Allez-vous à la chasse avec un fusil à pierre ???

Puisque vous ne prenez plus la diligence et que vous préférez le chemin de fer ou l'automobile à cet antique mode de transport, pourquoi continuez-vous à porter une simple montre?... Votre montre correspond à l'époque de la diligence.

Quand vous allez à la chasse, vous armez-vous du fusil à pierre de nos pères??? Chaque époque a ses besoins. Chaque appareil, inventé par le génie de l'homme, répond aux besoins d'une époque. Soyez donc logiques. Puisque vous avez renoncé au fusil à briquet et à la vieille patache, remplacez votre montre trop ancienne, elle aussi, par le Chronographe Just, le plus pratique des instruments qui mesure le temps. Les Américains, gens avisés qui connaissent la valeur des heures, ont remplacé leur montre par le chronographe, de là découle cette supériorité en affaires qu'ils avaient déjà acquise, en partie, quand ils ont remplacé la correspondance à la main par la machine à écrire.

Après cette introduction, destinée à éveiller chez le lecteur le désir de savoir ce qu'est cet instrument nouveau, supérieur à la montre, l'auteur indique ce qu'est le chronographe, comment il se manie, quels services il rend, comment il est fabriqué, pourquoi il est supérieur à la montre. Il termine par les conditions de vente et le prix.

En résumé, la brochure s'écrit selon les mêmes principes qu'un article de publicité.

Vous trouvez une phrase typique pour débuter, une phrase qui vous met en communication avec le public, lequel se dit : cet homme-là a raison, écoutons-le. Puis vous créez un intérêt qui achève de vous conquérir le lecteur ; aussitôt vous empoignez votre sujet de publicité et la partie est gagnée. La brochure doit toujours contenir un bulletin de commande ou de souscription.

A quels produits convient la brochure. — La brochure est utile pour la publicité de tous les produits.

Elle va relancer à domicile les clients ; tous les clients ont besoin d'être relancés, elle monte tous les étages.

On l'accueille bien, là où un placier serait éconduit.

Si elle se présente avec art, on la lit sûrement, si elle contient quelques pages utilitaires, on la conserve.

Une carte géographique, la règle de certains jeux, un calendrier la font mettre de côté et feuilleter de temps en temps.

Le public s'intéresse à tous les sujets qui sont bien exposés, il lira n'importe quelle brochure pourvu qu'elle sache lui plaire. Et n'importe quel article peut devenir le sujet d'une brochure, même un article de consommation générale.

Rappelez-vous notre première annonce : *Le bon beurre fait la bonne cuisine.* Vous dites sans doute, qu'une annonce suffit pour faire connaître que Duval vend le beurre *Stella*, qui est savoureux et se digère mieux que tout autre. Vous ajoutez : « Chacun sait ce que c'est que du beurre. Inutile d'insister. »

Pardon, il est utile d'insister. Tout le monde ne sait pas ce que c'est que du beurre ou du moins tout le monde le sait mal.

Souvent on croit connaître une chose, et lorsqu'on lit un article ou une brochure sur cette chose, on constate qu'on ne la connaît pas du tout.

Il existe une foule de personnes qui ignorent comment on obtient le beurre et surtout comment on distingue le bon beurre de l'autre.

Vous pouvez donc écrire une brochure intéressante sur la fabrication du beurre *Stella*, dans laquelle les méthodes les plus perfectionnées sont appliquées.

Vous parlez aussi des bêtes admirables qui produisent le lait employé et du pays charmant où elles s'élèvent. Votre brochure sera agrémentée de vues de la Normandie et d'une carte de France. La brochure aura son utilité pour vous rappeler à la mémoire des consommateurs qui auront vite oublié votre annonce et continueront à aller chez leur fournisseur. De plus elle créera des consommateurs nouveaux pour le beurre, car il y a encore des ménages où l'on est tenté d'employer la margarine ou une graisse végétale.

Votre annonce pour le beurre *Stella* se terminera comme il suit :

Demandez-nous, aujourd'hui même, notre magnifique brochure illustrée, contenant une carte de France, bien gravée, indispensable à tous, envoyée gratuitement.

La brochure est si importante que bien des annonceurs ne publient des annonces que pour offrir cette brochure qui, parfois, prend même les proportions d'un album.

L'album et le catalogue sont des formes de la brochure. Dans le premier domine une idée de luxe et d'illustration; dans le second on ne voit généralement qu'une énumération d'articles. Album et catalogue doivent, pour avoir de l'influence sur le client, contenir de la rédaction et des arguments. même s'ils s'adressent à des spécialistes ou à des revendeurs.

Il y a différents moyens d'envoyer brochures, catalogues. albums, on peut en confier le soin à une maison d'adresses et de distribution ou avoir chez soi un service d'adresses; la poste se charge du transport.

Ne laissez pas échapper un seul client, la correspondance vous en donne le moyen. — Le plus difficile dans le commerce. ce n'est pas de vendre à un acheteur, c'est de trouver cet acheteur.

Quand il s'est révélé, le reste n'est plus que tactique.

La publicité a justement le double objet de :

1° Faire surgir de la foule l'acheteur éventuel;

2° Le pousser à effectuer rapidement un achat.

Elle agit merveilleusement si l'on sait bien manœuvrer son mécanisme. Il consiste à publier une annonce, qui procure des commandes immédiates parmi les personnes impulsives et suscitent des demandes de brochures parmi les autres.

L'envoi des brochures est suivi d'une arrivée de commandes.

Mais, parmi ceux qui ont reçu les brochures, il en est qui ne donnent plus signe de vie. Faut-il les croire morts pour l'affaire?

Pas du tout. Ils sommeillent et continuent de représenter une valeur commerciale.

Comment admettre que des gens qui ont pris la peine d'écrire pour recevoir une brochure ne s'intéressent plus soudain au produit dont elle parle?

Il est, à leur silence, un motif qu'il faut connaître. La plupart du temps, ce sont l'apathie et l'indécision.

Il devient nécessaire de stimuler l'attention de ces correspondants. Si au contraire ils ont une raison particulière pour ne pas répondre, il est indispensable de leur faire écrire cette raison.

Pour vaincre leur résistance, quelle qu'en soit la cause, on se met directement en rapport avec eux par le moyen d'une série de lettres, préparées à l'avance. Elles sont au nombre de quatre ou six, suivant le prix de l'article à vendre, et leur sont adressées de semaine en semaine, à jour régulier.

Les Américains appellent cette poursuite du client par des lettres : *Follow up system*. Nous la dénommerons Série de correspondance suivie, pour ne pas laisser croire que ce sont les Américains qui ont inventé la Persévérance.

La série de correspondance suivie a donc pour objet de réduire le déchet après les demandes de la brochure. Le commerçant qui l'emploie croit avec justesse que ceux qui n'ont pas répondu, après l'envoi des brochures, représentent une mine inexploitée, que la paresse, l'inexpérience ou une mauvaise organisation commerciale empêchent seules d'avoir un rendement.

Les lettres de la correspondance suivie sont des formules, tirées au duplicateur, imprimées en caractères de machine à écrire ou mieux en écriture à la main photographiée, elles doivent toujours donner l'illusion de véritables lettres.

Elles portent la date et le nom de la personne en même caractère que le corps de la lettre.

Leur style ne ressemble en rien à la rédaction banale des lettres commerciales. Il est étendu, développé et dans le ton de l'amitié respectueuse, évitant avec autant de soin la familiarité que la froideur.

Celui qui rédige une annonce se soucie de combiner un appel qui touche le lecteur, celui qui écrit des lettres de correspondance suivie a pour préoccupation de trouver des points de contact avec son lecteur. C'est difficile puisqu'il ne le connaît pas. Mais il possède assez la psychologie de l'homme pour savoir les choses qui ont prise sur l'individu normal, placé dans telle ou telle situation sociale; les points de contacts à établir avec des médecins, par exemple, ne sont pas les mèmes que ceux qu'on trouve avec les forgerons. S'il arrivait qu'on eût à faire des lettres pour un article intéressant à la fois de ces deux catégories sociales, on procéderait à la rédaction de deux séries différentes.

Toutefois, quelle que puisse être la condition sociale du client à atteindre, le style reste enthousiaste, chaleureux, optimiste.

Un moyen qui pèrmet d'obtenir les points de contact pour une lettre consiste à se mettre à la place du destinataire en se disant : si je recevais cette lettre quelle est l'ambiance, dégagée par les lignes de début, qui me forcerait à lire jusqu'au bout?

Supposez que vous écriviez à des personnes de la bourgeoisie, pour leur rappeler l'envoi d'une brochure au sujet de l'assurance sur la vie :

> Monsieur,
>
> Il y a peu de jours, vous faisiez de sérieuses réflexions au sujet de l'éducation de vos fils. Vous vous disiez que l'instruction est la meilleure arme que vous pouvez leur donner pour faire leur chemin dans la vie.
>
> La question est donc pour tous les pères de famille d'une importance considérable, elle exige une attention constante. Les projets que vous avez sont excellents, mais à la condition que vous viviez assez longtemps pour pouvoir les exécuter. Supposez un instant que votre famille se trouve soudain privée de vous, et seule face et face avec l'adversité.
>
> Considérez la chose froidement.
>
> Il est un moyen d'épargner à votre famille les difficultés matérielles de la vie venant s'ajouter à la douleur morale.
>
> Ce moyen, nous vous l'avons exposé longuement dans notre brochure intitulée : « Après nous », que vous avez bien voulu nous demander. Elle décrit toutes les combinaisons en usage pour s'assurer sur la vie et rendre impérissables les projets que nous formons tous pour l'éducation et l'avenir de nos enfants.
>
> Nous avons étudié presque tous les cas dans cette brochure que nous avons écrite avec l'expérience que donne une longue pratique des affaires d'assurance, mais il peut se faire que vous n'y ayez pas trouvé la solution au cas qui vous préoccupe, alors écrivez-nous pour nous le soumettre ou si vous le préférez convoquez-nous, nous serons heureux de parler avec vous. Les assureurs ont la discrétion des notaires et, tous les jours, ils reçoivent des confidences qu'ils gardent avec la plus respectueuse fidélité. Personnellement nous avons la confiance de nombreuses familles, quelques-unes sont de vos relations sans doute; mais nous ne les nommerons pas par scrupule à cacher tous nos secrets.

Le but que vise cette lettre est d'obtenir un rendez-vous ou une missive posant des questions particulières.

Si, au contraire, elle demeure sans effet, elle sera suivie d'une seconde lettre dans laquelle les assureurs, après avoir rappelé l'envoi de leur brochure, dépeindront le calme, la joie d'un homme qui est assuré et le bonheur que l'on ressent dans un foyer placé à l'abri de la mauvaise fortune.

Une troisième lettre évoquera cette idée que chaque jour apporte à l'homme son fardeau d'âge et que les tarifs des compagnies d'assurance augmentent en raison des années. Une police d'assurance, qui est avantageuse aujourd'hui, ne le sera plus quand le candidat à l'assurance aura vieilli. En outre, la maladie nous guette tous. Les compagnies n'assurent que les gens en bonne santé. Tel qui se porte bien maintenant peut contracter une maladie qui le rende impropre à l'assurance. Trop tard! Il ne pourra plus être assuré et pourtant l'assurance, maintenant qu'il est de mauvaise santé, lui serait plus utile que jamais : les remords d'un homme qui se voit exclu de la liste des assurables. Conclusion : assurez-vous donc de suite, tandis qu'il en est encore temps et que vous vous portez bien.

Dès qu'une lettre de la série a produit une réponse, on retire le correspondant de la suite des lettres-formules pour ne plus lui adresser que des lettres personnelles, rédigées suivant son état d'esprit et pour le cas particulier qu'il a fait connaître.

Ces principes s'appliquent à tous les produits qui font l'objet d'un système de lettres. Celles-ci, formules ou lettres personnelles, doivent être affranchies comme lettres et expédiées avec une adresse écrite à la main pour donner le change sur leur qualité.

L'écriture n'aura pas le caractère moulé de la calligraphie de bureau. Naturelle et irrégulière, elle déguisera mieux la nature de la lettre.

Avant d'écrire vos lettres, vous devez en fixer le nombre. Puis vous établissez l'ambiance de chaque lettre, comme nous avons fait dans l'exemple des assureurs; la première de ces lettres contient l'ambiance de l'éducation des enfants, la seconde celle du bonheur au foyer de l'assuré, la troisième les regrets du non-assuré quand la maladie le frappe.

Vous placez chacune de vos idées d'ambiance sur une feuille de papier; au-dessous, vous notez tous les arguments qui découlent de cette ambiance.

Vous ne négligez pas d'inscrire, à côté d'une idée, toutes les déductions auxquelles elle conduit.

Par exemple, dans la troisième lettre des assureurs, *le bonheur du foyer*, vous avez cette idée : l'homme assuré est calme, tranquille, conséquence : il se porte mieux qu'un autre, d'où cette nouvelle idée : avec ce qu'il économise sur les frais de médecin et de pharmacien, il paie une partie de sa prime.

Ce n'est que lorsque tout votre matériel d'idées est groupé que vous commencez à écrire.

Attendez-vous à refaire plusieurs fois la même lettre : il est impossible qu'une première épreuve soit bonne.

Chaque fois que vous remettez sur le métier votre lettre, cherchez aux termes que vous employez d'habitude des équivalents pittoresques, de manière que vos arguments frappent le lecteur, par la séduction de la robe qui les habille.

Faites lire vos lettres par des amis, par des personnes de la classe de celles à qui elles s'adressent; c'est une épreuve qu'elles subissent devant un public d'essai qui formulera des critiques utiles pour vous.

La boîte aux fiches. — Il importe que le service de la série de lettres soit effectué très régulièrement, à cet effet on établit pour chaque personne qui demande la brochure une fiche qui va la suivre durant toute la sollicitation dont elle sera l'objet.

Sur cette fiche on inscrit nom, adresse du correspondant et si possible le nom du journal où elle a lu l'annonce.

En dessous on indique la date où la brochure lui est envoyée et plus tard les dates des lettres de la série avec laquelle on la poursuit.

Au moyen de casiers où l'on range ces fiches et d'index que l'on place devant leur groupement par date, on sait semaine par semaine ou jour par jour à quels correspondants on doit adresser une nouvelle lettre et quel numéro de lettre.

Le service s'opère pour ainsi dire automatiquement sans oubli et sans à-coup.

Lorsqu'un correspondant a reçu, sans répondre ni commander, toute la série de lettres, on retire sa fiche des boîtes *ad hoc*, mais on ne la jette pas. Pendant un an environ, on considère ce correspondant comme client possible et on lui expédie de temps en temps une carte illustrée, un dépliant ou tout autre objet qui lui rappelle le produit.

Pourquoi n'auriez-vous pas un journal à vous? — C'est le rêve de tout Français d'avoir un journal à lui et de tenir un peu dans la main de cette merveilleuse puissance qu'est la Presse. Il n'y a pas de meilleure occasion de réaliser ce rêve, ni d'occasion plus fructueuse que de créer un journal à soi pour lancer les produits que l'on vend.

Le journal est expédié, à la suite d'une annonce, aux lieu et place d'une brochure, ou après l'envoi d'une brochure, à la place de la série de lettres.

Un journal bien fait ou un petit magazine avec des illustrations, des contes et des articles intéressants, des recettes utiles, présente un attrait pour un ménage, qui finit toujours par devenir, grâce à cette publication. un client pour le produit.

On ne jette pas délibérément au panier un journal qui semble intéressant et on garde soigneusement une revue ou un magazine illustré.

Ce mode de publicité, qui a la plus grande souplesse, rend d'infinis services et souvent apparaît supérieur à tout autre; il vous donne la maîtrise absolue sur votre publicité et vous permet de toucher juste la clientèle que vous visez. Il y a des maisons faisant aujourd'hui dix ou douze millions d'affaires qui doivent leur succès à la publicité qu'elles ont faite au moyen d'un journal à elles.

Selon la nature du produit que vous vendez, vous créez un magazine d'intérêt général ou un magazine spécialisé, en ayant soin dans ce cas d'employer une forme de vulgarisation qui rende votre publication d'une lecture accessible à tous et en même temps agréable.

Vous le faites adresser à tous ceux que vous voulez atteindre comme clients. Vous avez des chances d'être lus par tous, si votre publication est bien présentée.

CHAPITRE VIII

LA TACTIQUE DANS LES ANNONCES

Pour plaire, renouvelez sans cesse l'intérêt. — Quand, le matin, vous dépliez votre journal, c'est avec l'espoir d'y trouver quelque chose de nouveau.

La feuille est-elle monotone et grise, vous la refermez avec ennui.

Pour obtenir un sourire de son lecteur. un journal a besoin d'être rédigé avec variété et agrément. Tous les jours il est contraint de lui offrir quelque chose qui provoque son appétit de lire.

La publicité qui fait partie intégrante d'un journal, la publicité qui est le sang du journalisme, vit et meurt des mêmes lois que le journal lui-même.

Pour attiser un appétit d'intérêt chez le lecteur, elle doit, elle aussi, faire appel à la variété.

Les meilleurs chefs de cuisine vous diront que la gourmandise, cette sensation intelligente de l'estomac, est entretenue par un changement incessant de menu. Croyez-vous qu'il soit plus facile de stimuler un intérêt pour le cerveau que pour l'estomac?

Le cerveau est le rouage le plus rebelle de la machine humaine. S'il faut de la variété pour séduire l'estomac, il en faut plus encore pour éveiller la sympathie du cerveau.

Ainsi lorsque vous avez à publier une fois par semaine une annonce dans un journal quotidien, vous songez à apporter de la variété dans chaque insertion.

Si vous donnez toujours la même annonce, vous lassez le public.

A chaque fois vous changerez l'appel et le dessin, et vous tiendrez en haleine l'attention des lecteurs; quant à l'effet de suggestion, vous l'obtiendrez par la répétition du nom du produit et du corps de l'annonce, qui, lui, ne sera pas modifié, ce qui est inutile, puisqu'il est l'exposé des qualités du produit.

Une campagne d'annonces se mène comme une campagne d'idée. On a fait des séries d'articles pour prouver l'utilité du Métropolitain et graver cette opinion dans l'esprit du public. Chaque article contenait des arguments différents classés avec art et la conclusion revenait toujours la même : le Métropolitain est indispensable à la population.

Si vous voulez entreprendre une campagne d'annonces dans un quotidien, vous pouvez vous servir comme appel d'une idée empruntée à l'actualité.

Il faut conserver toujours aux annonces d'une même série la même structure générale, c'est-à-dire que vous continuez à publier des annonces sur plusieurs colonnes ou des annonces tout en hauteur si vous avez commencé par l'une ou l'autre de ces formes.

Si vous tirez vos appels de l'actualité, ayez soin d'établir une corrélation entre cette actualité et les qualités de votre produit.

En plus des ressources que vous offre l'actualité pour former des appels, vous puisez dans le trésor que vous tend't les qualités de votre produit. D'abord vous établissez une série pour raconter son histoire : sa naissance, son développement, son triomphe. Vous intéressez tout le monde avec cette série d'annonces.

Ensuite vous préparez une nouvelle série pour les diverses catégories de clients que vous voulez toucher. Chaque annonce expose donc une qualité du produit, et par cela même a des chances de séduire le lecteur que les autres qualités avaient laissé indifférent.

Supposez qu'il s'agisse d'éveiller une attention sympathique autour d'un pneu et de le faire acheter.

Votre première annonce sert de présentation et apprend au lecteur la création du nouveau pneu et dit les avantages qui le font acheter de préférence à tout autre.

A la fin de cette annonce, vous indiquez, et ceci est très bon, que vous publierez toutes les semaines, tel jour et à telle place, une annonce bien illustrée, intéressante pour le public à qui vous serez reconnaissant de la lire.

Vous entamez alors votre série par une annonce montrant la récolte du caoutchouc employé à la fabrication de votre pneu.

Une autre annonce fait voir l'arrivée dans un port français du caoutchouc, ensuite vous exposez les phases les plus typiques de sa fabrication, qui est telle que l'objet une fois manufacturé est le premier de son espèce.

Ensuite d'autres annonces mettent en relief les avantages de ce pneu : il convient aux petites voitures et aux grosses. Il donne toute sécurité. Il monte les côtes allégrement et les descend sans crainte.

Il ne crève pour ainsi dire pas, etc.

Et dans chaque annonce, où le dessin et l'appel seuls sont variés, revient le refrain, le *leit motiv*, des qualités et avantages du pneu.

Voulez-vous faire une série d'annonces pour présenter un rasoir . à lame inusable :

1ᵉ annonce : avantages des rasoirs à lames inusables sur les rasoirs à lames changeables ;

2ᵉ : pour attirer l'attention des hommes qui vont se faire raser chez le coiffeur, d'où, pour eux, une perte de temps, une dépense, un risque de maladie ;

3ᵉ : un appel aux hommes qui se servent du rasoir ordinaire, temps perdu, coupures qui défigurent ;

4ᵉ : avantages des lames du rasoir en question sur toutes les similaires. Supériorité de leur fabrication ;

5ᵉ : le calcul de ce que coûte par an une barbe faite chez le coiffeur trois fois par semaine ;

6ᵉ : une annonce de récapitulation, rappelant les avantages du rasoir et concluant à son achat immédiat ;

7ᵉ : annonce d'attestation, un personnage connu se sert du dit rasoir et s'en montre satisfait.

Enfin, au moment du jour de l'an et de Pâques, vous publiez un appel aux femmes pour leur conseiller l'achat du rasoir comme cadeau.

Tous les produits qu'on annonce peuvent donner lieu à une série de clichés. Un journal américain le *New-York Américan* publie dans ses colonnes toute une série de clichés variés pour mettre en valeur ses petites annonces. Dans l'un, il dit, avec une illustration appropriée : demandez-nous des domestiques ; dans un autre : vous aurez par nos petites annonces l'institutrice que vous cherchez. Un troisième rappelle la facilité que procure une annonce pour avoir une chambre meublée.

La campagne défensive. — Dès qu'une marque est connue et donne des bénéfices, les contrefacteurs, corbeaux du commerce, prennent leur vol dans sa direction.

C'est contre eux qu'il faut défendre la marque qu'ils dénaturent et le consommateur qu'ils trompent. Une série d'annonces s'impose pour mettre le public en garde et le familiariser avec la marque de fabrique du produit, son emballage et tout ce qui doit éviter la confusion.

Une autre série est utile pour montrer les dangers auxquels s'exposent les consommateurs en prenant les produits imités qui, moins cher, doivent présenter des falsifications. Par exemple un chocolat, qui, dans une campagne précédente a montré ses qualités, entreprend ensuite une campagne pour mettre le public en garde contre d'autres marques. Il fait paraître des annonces illustrées conçues dans ce ton :

« Votre petit déjeuner s'est composé d'une tasse de chocolat, ce qui est l'aliment le plus sain, le plus nutritif pour le matin. Mais vous digérez mal votre petit déjeuner, vous avez la bouche amère et vous éprouvez de la lourdeur à l'estomac, c'est que le chocolat que vous employez est mal fabriqué. On y a remplacé une partie du beurre de cacao par de la graisse animale.

« Prenez donc le chocolat du père André, il est fait avec du cacao pur sous le contrôle de M. Bernard, chimiste du laboratoire de la ville.

« Le chocolat du père André se digère facilement et nourrit plus qu'un autre, etc. »

Puis, une fois suivante, vous direz ceci :

« *Surveillez votre chocolat*. Bien des chocolats bon marché contiennent, au lieu de sucre, de la saccharine, qui coûte infiniment moins cher. Mais la saccharine est un produit chimique qui exerce une action terrible sur les reins. Prenez garde à votre santé, ne vous tuez pas pour gagner quelques sous. Au contraire le chocolat du père André est garanti pur sucre et cacao, il est fabriqué sous le contrôle, etc. »

C'est encore une campagne d'annonces qui protège vos produits contre l'invasion des marques étrangères.

Les brasseurs canadiens ont fait individuellement une campagne de publicité contre les bières importées.

La marque *Salvador* dans une annonce montrant sa bouteille et une bouteille de bière venue de l'étranger, disait :

Qui paie les droits? Vous ou notre compétiteur étranger? C'est vous qui les payez. Il n'y a pas le moindre doute à avoir à ce sujet-là. Il est plus que probable que vous croyez à la nécessité du tarif. Mais quel bien cela vous fait-il, si c'est vous qui payez les droits? Les étrangers se rient des droits qu'impose notre gouvernement, tant que vous consentirez à fournir l'argent....

Puis venait un appel en faveur de la bière *Salvador*.

Un autre brasseur disait : « Il n'y a pas de droit de douane à payer sur la *Pilsener de O'Keefe*. Voilà pourquoi elle coûte meilleur marché que les bières importées.

« Et rappelez-vous, s'il vous plaît, qu'il n'y a pas de bière importée qui puisse se comparer à la *Pilsener de O'Keefe* pour la pureté, la qualité et la saveur. »

Toute publicité menée de cette manière vivante est plus fructueuse que la publicité endormie qui ramène mollement à date fixe les mêmes arguments et le même cliché sous les yeux du lecteur.

Pour caractériser la tactique à adopter, nous dirons : Faites de la publicité comme on fait du journalisme.

Par contre vous voyez paraître dans les journaux des annonces qui sont toujours les mêmes et qui se contentent de proclamer, sans un seul argument, le nom d'un produit.

Ces annonces appartiennent à une catégorie de publicité appelée publicité de rappel. Elle a pour objet de maintenir dans la mémoire du consommateur le nom d'une marque très connue. La publicité de rappel est bonne pour permettre au public de souffler entre deux campagnes de publicité active, c'est une accalmie, un repos. Mais il ne faut pas qu'elle dure trop longtemps, parce qu'à dormir toujours on finit par ne plus pouvoir s'éveiller. La publicité de rappel n'est pas productive, elle est à peine conservatrice, elle n'acquiert pas de nouveaux clients, elle garde tout juste les anciens. Elle est insuffisante pour gagner ceux qui hésitent, ceux qui veulent changer leur marque habituelle, ceux qui écoutent les conseils de leur fournisseur, elle est insuffisante pour décourager la concurrence de jeunes marques plus combattives. Elle est le fait d'une marque qui s'assoupit sur ses lauriers.

L'annonce vaut mieux. — De toutes les formes que la publicité prend dans un journal, l'annonce est celle qu'il faut préférer, l'annonce de dimensions moyennes et bien placée, ce qui veut dire insérée ailleurs que dans cette dernière page, vrai dépotoir où les journaux français jettent la publicité qui les fait vivre.

Une campagne d'annonces a besoin d'être soutenue et consolidée par une campagne de brochure; ainsi faite elle est productive et coûte moins cher qu'une campagne par les articles.

Quant aux échos, on leur réserve le rôle d'avis, ils s'appliquent surtout aux produits d'une industrie élégante déjà très connue et aux professions libérales.

On annonce dans les échos que le grand confiseur Praslin vient de préparer pour son élégante clientèle un nouveau bonbon, le Mignon, qui est la plus douce poésie de la gourmandise.

Le grand docteur Magnus fait encore savoir par les échos qu'il est de retour de Russie où il avait été appelé auprès du comte Peteroff et qu'il a repris ses consultations à son domicile, tel. jours, à telles heures.

CHAPITRE IX

UNE MÉCONNUE

La petite annonce. — La petite annonce est bien connue, mais elle est mal employée.

Bon marché, à la portée de tout le monde, elle est susceptible de rendre de grands services en servant à l'éducation pratique des petits annonceurs qui peuvent en devenir de grands, s'ils persévèrent dans leur effort. On doit donc regretter que souvent, en France, la petite annonce soit réservée à certaines rubriques, tels que : ventes de mobiliers par des particuliers, demandes et offres d'emplois, locations d'appartements, etc.

Il y a intérèt pour les journaux à vulgariser l'usage de la petite annonce parmi les commerçants. C'est ce qu'ils ne veulent pas, sous prétexte que s'ils acceptaient de petites annonces commerciales, les habituels annonceurs s'en tiendraient à cette forme de publicité économique et renonceraient à la publicité plus cher des annonces et des échos.

C'est là une erreur.

Les commerçants qui ont l'habitude de publier de grandes ou de moyennes annonces avec des illustrations ne changeront pas leur tactique, sous peine de déchoir aux yeux des lecteurs. Il faut bien se dire que la petite annonce ne serait alors employée que par une petite maison ou une maison qui débuterait.

Elle ne frappe pas le lecteur comme l'annonce illustrée qui se détache du texte. Le lecteur est obligé de la trouver. Son rendement est forcément limité et ne porte pas ombrage aux gros annonceurs. Mais étant de bas prix, elle demeure rémunératrice. Elle est un encouragement pour les petits commerçants, qui, à mesure que leurs affaires augmentent, peuvent passer dans le cadre d'une plus large publicité.

Pour le journal, la petite annonce commerciale assure le recrutement de futurs grands annonceurs. Elle initie à la publicité, car elle est comme l'alphabet de la réclame.

Mais elle a beau être simple et brève, elle obéit aux lois habituelles de la publicité. Elle doit être attrayante, claire et précise.

C'est donc une erreur de la rédiger avec des abréviations qui souvent font d'elle un rébus. Même lorsqu'il s'agit d'une demande d'emploi ou de l'offre d'une occasion, on doit rédiger la petite annonce de façon à la faire remarquer et à retenir l'intérêt.

Supposez qu'on ait à vendre un poêle et jugez vous-même de la rédaction qui convient le mieux pour attirer un acheteur :

1° Poêle à vend. Bon état. S'adres. 24, R. de Paris.

2° Bon poêle à vendre. État de neuf. Consomme peu. Forme agréable. Fera un excellent et long service. Se revendra le prix acheté. Peut se mettre dans toute pièce. S'adresser : 24, rue de Paris.

La deuxième annonce a plus de chance d'amener un acheteur dès sa publication. Elle est certes plus longue que la première et coûte plus cher, mais elle reviendra meilleur marché, parce qu'elle n'aura pas besoin d'être renouvelée, tandis que la première paraîtra sans doute quatre ou cinq fois sans déclencher une seule demande.

En publicité, il faut se tenir à égale distance de la prodigalité et de la parcimonie. Et l'économie mal comprise devient une source de dépense.

Si l'on demande un emploi, on doit préciser et faire ressortir dans son texte cette décision d'allures, cette netteté de vue qui indique aux employeurs qu'on n'est pas une non-valeur.

On cite les deux exemples suivants d'une annonce ayant porté ses fruits et d'une autre restée sans résultat. Le fait s'est passé en Amérique où une foule de gens obtiennent de bonnes situations par les annonces.

Un jeune Français, se trouvant à Chicago sans argent et sans relations, publia dans la *Tribune*, ces deux lignes :

> On demande manufacturiers désirant traductions
> de correspondance et de réclame.

Une dizaine de lettres lui parvinrent lui amenant quelques maisons qui furent la base d'une affaire devenue considérable deux ans plus tard.

Aujourd'hui, ce Français contrôle la correspondance de dix-sept maisons de premier ordre.

Par contre, un autre de nos compatriotes fait insérer l'annonce suivante :

> Jeune Français de bonne famille, sachant parler et écrire couramment le français, l'anglais, l'allemand et l'italien serait désireux de trouver un emploi dans un bureau quelconque. Dactylographe, possède une machine à lui. Écrire à X....

L'effet de cette annonce resta nul.

Pourtant elle ne paraît pas mauvaise dans sa forme littéraire, mais elle est *mal pensée*.

Si au lieu de faire une annonce, le jeune homme en question fût allé rendre visite à quelqu'un et lui eût demandé un emploi quelconque, il y a des chances pour que cette personne ne se fût jamais occupé de lui. Sa visite aurait eu le même résultat que sa publicité.

En effet, quelle valeur présente un monsieur qui sollicite un emploi quelconque?

Quel intérêt peut-on accorder à une personne qui ne sait pas elle-même ce qu'elle peut faire?

Un jeune homme qui parle quatre langues, qui est dactylographe, qui appartient à une bonne famille et qui, néanmoins, n'a pas d'orientation personnelle ne peut être qu'un raté.

Voilà l'impression qui se dégage de l'annonce.

La manière d'améliorer cette annonce, de la rendre intéressante, consiste à y mettre un peu d'énergie et de précision en disant :

Dactylographe polyglotte demande traductions de correspondance française, anglaise, allemande, italienne.

On comprend dès lors que cette annonce ayant un objet déterminé et n'étant plus une vaine sollicitation aurait pu frapper l'attention d'un commerçant ou d'un industriel cherchant un employé.

Si la petite annonce est faite par un commerçant comme réclame pour sa maison, elle ne doit pas se contenter d'annoncer une chose comme le tambour de ville ou le petit papier collé au mur. Elle doit se soucier d'augmenter la clientèle et de triompher de la concurrence. Elle se composera donc, comme la grande annonce, d'arguments formant le corps de l'annonce que précédera un appel.

Voulez-vous faire passer une petite annonce pour une table d'hôte, vous vous dites : la clientèle d'une table d'hôte comprend les voyageurs, qui, eux, sont un peu forcés d'y venir, mais il y a aussi parmi la population sédentaire, tous ceux qu'ennuie le souci de diriger une maison, tous ceux qui ne peuvent avoir une bonne cuisinière et qui pourtant sont sensibles aux délices de la table.

Vous rédigerez comme suit :

> Délivrez-vous du souci de la cuisine et des domestiques. Mangez à une bonne table d'hôte. Autant de confort que chez vous et moins de dépense. Menus variés. Cuisine soignée. Service parfait. Excellente société. Prix modérés. Maison Lefort, 24, rue de Paris.

Une personne sans expérience se contenterait d'écrire :
Table d'hôte Lefort, 24, rue de Paris. Menus variés. Bonne cuisine. Prix modérés.

Cette annonce froide amènerait des clients qui ont l'habitude de fréquenter les tables d'hôte, mais elle ne suggérerait pas à d'autres l'idée d'essayer et il y a une foule de célibataires qui, à un moment, sont las de manger seuls chez eux et sont excédés des soins ménagers qui leur incombent.

Si la maison Lefort voulait attirer spécialement l'attention des voyageurs, elle écrirait :

> Voyageurs, vous sentirez moins l'éloignement de votre foyer et de ses gâteries, en prenant vos repas à la table d'hôte Lefort, 24, rue de Paris. Menus variés. Cuisine de famille, etc.

Pour louer des appartements, on se contente généralement d'une simple indication avec l'adresse. Il est préférable pourtant de faire ressortir les avantages de prix et de confort qu'on trouve à louer un appartement qu'on meuble soi-même. Exemple :

> Vous dépensez 900 francs par an, pour occuper une chambre meublée où vous n'êtes guère chez vous et où vous êtes dérangé par le tapage de voisins bruyants.
> Pour la même somme vous aurez à vous un appartement de quatre pièces, avec toute votre liberté.

En France, les marchands de meubles d'occasion usent beaucoup des petites annonces, mais aucun d'eux n'a jamais eu l'idée de réd iger sa réclame avec l'ingéniosité qu'on voit dans les petites annonces suivantes. que j'ai découpées dans un journal du Canada :

Comment se fait-il que vous ayez d'aussi beaux meubles dans votre maison! Votre mari doit avoir obtenu une grosse augmentation de salaire? — Non pas nécessairement, nous avons eu la bonne fortune de nous procurer nos meubles chez Géo-H. Labbé et Cⁱᵉ, 350, rue Saint-Paul, à meilleur marché que ce que nous aurions payé pour de la pacotille. C'est un grand magasin.

. .

Je vous l'ai dit. Quoi? Que le meilleur endroit au Canada pour acheter des meubles, c'est chez Géo-H. Labbé et Cⁱᵉ, 350, rue Saint-Paul. Leur assortiment des plus nouveaux modèles est très considérable et leurs prix sont si bas qu'une fois rendu là, il vous faut acheter malgré vous.

. .

C'est impossible ! Vous n'avez jamais payé ce magnifique mobilier de salle à manger le prix que vous dites! — Oui, c'est bien le cas et ils l'ont acheté si bon marché chez les fabricants, naturellement Géo-H. Labbé et Cⁱᵉ. Salles d'exposition, 350, rue Saint-Paul.

FIG. 55.

FIG. 56.

Il est évident pour tout le monde que de petites annonces rédigées dans ce style, qui peut même convenir à une publicité plus grande, sont d'un rendement supérieur aux petites annonces de mise négligée qu'on imprime dans la plupart des journaux.

Le commerçant qui prend le souci de travailler ses annonces ne perd pas son temps.

D'ailleurs, ce qui vaut la peine d'être fait, vaut la peine d'être bien fait.

Les journaux ne se donnent pas assez de peine pour recommander leurs petites annonces. Voici le cliché (fig. 55) que le *New-York American* publie dans ses colonnes pour appeler l'attention sur ses petites annonces. La main tient une petite annonce, le texte dit : « C'est là une petite annonce. Allez à la page 15 à 17 vous en trouverez des centaines d'autres. Rappelez-vous que, pendant que vous les lirez, 350 000 personnes ont acheté notre journal pour en faire autant. »

Le cliché (fig. 56) incite les maîtresses de maison à faire une petite annonce pour trouver les gens dont elles ont besoin.

CHAPITRE X

COMPTEZ, VOUS NE SEREZ PAS TROMPÉS

Comme la publicité est souvent d'un prix élevé, il importe de contrôler le rendement des journaux et publications dont elle emprunte les moyens de diffusion. L'opération est aisée si l'on procède à une vente directe provoquée par la publicité; elle est presque impossible si les produits n'atteignent le consommateur que par l'intermédiaire des détaillants. Examinons le premier cas.

Si l'annonceur se sert d'un seul organe par région, il est renseigné géographiquement par l'origine des lettres qu'il reçoit.

Mais il est une méthode plus commode, plus précise et qui s'applique à tous les cas. Elle consiste à placer dans chaque annonce une clé, c'est-à-dire un indice que le client reproduit sur sa lettre et qui indique la source de la publicité.

Diverses catégories de clés peuvent se partager les faveurs des annonceurs.

Les uns ont recours au changement de leur prénom suivant le journal. Exemple : Un commerçant donne de la publicité à quatre journaux. Dans l'un, il dit : Adressez lettres et mandats à M. Jean Dupont; dans un autre : Lettres et mandats à M. Georges Dupont; dans un troisième le prénom devient Paul et ainsi de suite.

D'autres annonceurs désignent leur catalogue par une lettre qui varie avec chaque publication. Exemple : demandez notre catalogue A, ou A 128; demandez notre catalogue B, etc.

Il en est qui indiquent comme adresse, quand ils le peuvent, des numéros différents de la même rue. Dans un journal ils impriment : Adressez lettres et mandats 508, rue Saint-Honoré; dans un autre : 510, rue Saint-Honoré.

Quelquefois ils divisent par l'imagination leur maison en divers rayons que le client est prié de rappeler dans sa lettre. Exemple : Écrivez : Omnium de France, rayon K, ou Omnium de France, rayon G.

Un moyen supérieur pour connaître quel journal a provoqué une lettre de client consiste à promettre à celui-ci que l'exécution de son ordre sera particulièrement soignée s'il se recommande du journal où il a lu l'annonce.

Lorsqu'il est possible de faire un minime sacrifice, on assure au client qu'il sera gratifié d'une remise de tant pour cent, s'il veut bien se recommander du journal.

Ce moyen coûte peu à côté des services qu'il rend et du contrôle qu'il apporte.

Les clés sont donc indispensables pour se rendre compte du rendement des journaux et séparer les bons des mauvais.

Elles permettent de construire des tables qui fournissent le prix de revient de la publicité dans chaque feuille.

En même temps, elles indiquent l'effet produit par chaque annonce, qu'il est toujours bon de savoir, surtout si l'on procède par séries variées, devant repasser à certains intervalles.

Voici comment on construit une table de rendement. On prend un registre, dépourvu de réglures commerciales. Sur la page de gauche on colle l'annonce découpée.

On écrit au-dessus le nom du journal, son tirage et la date. La page de droite est réglée à la main comme l'indique la figure 57.

En haut : année, titre du journal, clé qui lui est attribuée. Puis la date de l'annonce, son prix.

Dans l'exemple ci-contre, l'annonce a paru le dimanche. Les cases sont divisées par les jours de la semaine pendant laquelle l'annonce hebdomadaire, exercera son influence.

La première ligne comprend les commandes immédiates que l'on reçoit, la seconde les demandes de brochures. On enregistre jour par jour.

A la fin de la semaine on totalise. En divisant le prix de l'annonce par le total des commandes et par le total des demandes de brochure, on a le prix de revient de chaque unité.

Ainsi, dans l'exemple, on voit que le prix de revient de la publicité dans *le Courrier* a été de 0.175 pour une commande et de 0.125 par demande de brochure. On compare entre eux les prix de revient obtenus, par la même méthode, pour chaque journal employé à la publicité. En tenant compte du prix de l'annonce,

— 1913-1914 —

LE COURRIER   (Clé : Rayon A 128)

Annonce du 20 novembre (dimanche).   Prix de l'annonce : 600 fr.

	21	22	23	24	25	26	27	TOTAL	PRIX DE REVIENT PAR UNITÉ
	LUNDI	MARDI	MERCREDI	JEUDI	VENDREDI	SAMEDI	DIMANCHE		
Commandes.	250	480	650	800	530	460	.230	3 400	0,175
Demandes de brochures.	500	800	890	1 480	500	230	400	4 800	0,125

OBSERVATIONS. { Temps pluvieux, les 21, 23 et 26
Mauvaise séance à la Chambre.
.Baisse de la Bourse.

FIG. 57.

on voit quels journaux coûtent trop cher. Dans chaque table, vous avez une place pour noter les observations qui peuvent influencer le rendement de la publicité, tels que état du temps, de la politique. mouvements de la Bourse, car le rendement de la publicité est sensible à toutes ces choses.

Vous avez aussi intérèt à connaître ce que donnent vos brochures et vos lettres de la série de correspondance suivie.

Vous consacrez donc un registre à la brochure et un registre à cette lettre.

Jour par jour, vous enregistrez le nombre des brochures et des lettres expédiées. Sur une autre page vous marquez le nombre de commandes que la brochure ou que chaque lettre vous a amenées. On totalise en fin de mois, on a ainsi le rendement et le prix de revient de chaque partie de la publicité. Cela vous permet de voir la marche de votre publicité et de la modifier selon les circonstances. Pour faciliter la besogne, on met dans la brochure et dans l'enveloppe de chaque lettre un bulletin de commande de couleur différente. Si l'affaire que vous proposez ne comporte pas de bulletin de commande. vous retrouvez l'origine de chaque réponse par la fiche individuelle attribuée à' chacune des personnes qui vous a écrit une fois. Il est entendu qu'une affaire ne comportant pas de bulletin de commande s'adresse à une clientèle relativement restreinte de clients. faciles à classer.

Par exemple. si vous vous occupez de ventes de terrains, clientèle sélectionnée, vous suivrez sans difficulté vos correspondants à travers le classement des fiches.

CHAPITRE XI

UNE CAMPAGNE DE PUBLICITÉ

Quand on veut bâtir une maison, la première chose à savoir est de quelle somme on dispose. Puis on fait un plan.

Quand on veut entreprendre une campagne de publicité, on procède de même.

Cela ne signifie pas qu'on doit avoir des sommes considérables, mais cela signifie qu'on doit proportionner son effort à ses ressources et il vaut mieux se placer au-dessous de ses ressources qu'au-dessus.

La publicité n'exige pas toujours une sortie de gros capitaux.

Si votre budget ne vous autorise pas à aborder la grande publicité des journaux et des magazines, vous pouvez travailler la clientèle au moyen de prospectus, de circulaires, de livrets, sans donner une seule annonce à un journal.

Il y a des maisons qui n'ont jamais inséré une annonce et font une vaste et fructueuse publicité par la poste. D'autres ne publient des annonces, et des annonces de toutes petites dimensions, que pour obtenir des adresses de clients éventuels; leur publicité principale repose sur les envois par la poste dont elles poursuivent leurs premiers correspondants.

L'avantage de la publicité par la poste est d'être plus souple et moins cher que la publicité par les journaux. Vous l'avez plus dans la main. Vous la commencez quand vous voulez, et l'arrêtez lorsqu'il vous plaît.

Vous pouvez débuter dans la publicité par l'envoi de circulaires, il ne vous coûte que quelques timbres. Vous réussirez par ce moyen à trouver des clients, surtout si l'article que vous vendez est spécialisé.

Mais votre circulaire ne portera que si elle est bien faite, c'est-à-dire si vous y exprimez une chose intéressante, si vous faites une offre avantageuse. Si vous écrivez pour ne rien dire, vos lettres resteront sans résultat.

Prenez modèle sur les grands magasins. Quand ils lancent un catalogue, c'est-à-dire un appel aux acheteuses, ils font miroiter une occasion, un avantage quelconque. Trouvez, vous aussi, une raison pour décider les acheteurs à vous écrire ou à venir chez vous.

C'est bien difficile, pensez-vous. Réfléchissez donc.

Pourquoi vous êtes-vous établi?

Ne dites pas, je vous en prie, que c'est pour gagner de l'argent. La raison serait trop personnelle et surtout trop naïvement exprimée.

A ce compte-là on vous demanderait pourquoi vous vous êtes installé tailleur plutôt qu'épicier. A une telle question vous répondriez que vous vous êtes établi tailleur, parce que vous connaissez bien ce métier, appris dès votre jeune âge, excercé dans de grandes maisons avec succès. Lorsque vous vous êtes senti l'expérience, vous vous êtes dit que vous étiez capable maintenant de faire pour votre compte ce que vous aviez fait pour/le compte d'autrui : vous vous êtes dit également que vous travailleriez aussi bien que les tailleurs réputés et moins cher, parce que vous produiriez beaucoup vous-même et que vous réduiriez vos frais généraux. Eh bien ! voilà des arguments. Voilà de quoi composer des lettres dans lesquelles vous invitez des clients à venir visiter votre salon et dans lesquelles vous déclarez que vous êtes décidé à leur consentir des réductions et à faire un prix de x francs pour les engager à un essai.

Il suffit de mettre en ordre toutes ces idées et d'en tirer deux ou trois lettres successives.

Exprimez dans vos lettres ce que vous diriez à un client si vous étiez en sa présence.

Une lettre écrite pour dire quelque chose rapporte toujours.

Les grandes maisons envoient, elles aussi, des circulaires à leurs clients et elles y trouvent leur bénéfice. Voici l'exemple d'une circulaire bien établie pour une bougie magnéto :

Monsieur et cher Client,

Nous avons créé cette année la meilleure bougie magnéto existant sur le marché. Nous la garantissons douze mois par écrit et la vendons 7 fr. 50 pièce.

Nous avons perfectionné notre bougie à six fils (type 1906) donnant six étincelles ; elle est absolument parfaite. Nous la garantissons par écrit pour une durée de douze mois et nous la vendons 3 fr. 5o.

Nous sommes imbattables sur ce terrain, parce que nous sommes des spécialistes qui ne fabriquons depuis 1903 absolument que des bougies. Nous vous engageons à faire immédiatement l'essai de nos nouvelles bougies et, pour vous permettre de faire cet essai d'une façon économique, nous vous proposons de vous reprendre pour le prix de 1 fr. 25 pièce les bougies usagées Westland ou autres marques que vous pourriez avoir ou celles fonctionnant mal. Cette somme de 1 fr. 25 viendra en déduction sur chaque bougie que nous vous adresserons en remplacement. Vous aurez donc notre bougie magnéto 1906 à 6 fr. 25 et notre bougie à six fils, type 1906, à 2 fr. 25, franco de port et emballage avec le bulletin de garantie délivré avec chaque bougie.

Si vous nous envoyez le montant avec la commande, nous joindrons à notre envoi comme cadeau un attache-câble Westland breveté, vendu partout 1 fr. 25.

Dans le cas où cette offre ne vous intéresserait pas, voulez-vous avoir l'obligeance de transmettre cette lettre à un de vos amis, possédant une automobile ou une motocyclette.

Agréez, etc.

Les placards énormes publiés dans les journaux par certaines maisons, les affiches de surface colossale ont faussé le jugement du public et fait dévier la réclame.

La science de la publicité consiste à intéresser le lecteur, à vaincre son indifférence et à le convertir le plus tôt possible en un acheteur. Pour atteindre ces conditions, il suffit d'adopter une publicité raisonnée. Certes, une chose de grandes dimensions attire vite l'attention, mais elle ne convient pas toujours. La preuve est qu'on peut citer des marques qui ont fait de la grande publicité et qui ont été connues. Néanmoins elles ont rapidement disparu, parce qu'elles ne se vendaient pas.

Notez que souvent, lorsqu'on publie d'immenses annonces, on a tendance, pour ne pas ennuyer le public, à les présenter vides d'arguments.

Supposez une maison d'automobiles, le fait s'est produit, qui insère dans les journaux, une annonce d'une page, laissée en blanc, avec au milieu une voiture minuscule et cette simple phrase : Les automobiles Pax sont les meilleures. Quelle influence une telle annonce peut-elle avoir sur le public? Supposez au contraire que cette page eût été bourrée de texte, qui l'aurait lue? Voilà rapidement posée la critique du colossal

Ne soyez donc pas effrayé par le bluff des annonces gigantesques. Marchez vigoureusement, allez votre petit bonhomme de chemin avec persévérance : il n'est pas prouvé que les gens qui ont de grands pieds marchent mieux et plus longtemps que les autres.

Si vous savez manier les arguments, une publicité par circulaires bien faites vous rendra plus de services qu'une annonce mal pensée.

Toutefois, sur la circulaire, la brochure a l'avantage d'être plus complète et plus attrayante et surtout elle offre cette supériorité de pouvoir être illustrée.

Vous pouvez faire illustrer une brochure pour deux cents francs.

Une brochure très convenable, pas une brochure de luxe, vous revient à quelques centimes pièce. Son envoi par la poste ne vous coûte pas plus et la clientèle de province se contente d'une telle publicité.

La clientèle de Paris est plus difficile à saisir, à moins qu'il ne s'agisse de produits pharmaceutiques.

Mais, en toute matière, la clientèle de Paris se montre moins commode à prendre que la clientèle de province, elle n'a guère le temps de lire et apparaît plus insouciante et plus sceptique. Paris ne représente que le dixième de la population française.

Ainsi, lorsque vous construisez votre plan sachez d'abord si vous ferez une publicité par la poste exclusivement ou par les journaux exclusivement ou par un mélange des deux systèmes.

Le système le plus coûteux sera celui des journaux adopté exclusivement parce qu'il vous entraînera à publier de grandes annonces, et à traiter avec un grand nombre de journaux.

Quand une marque a fait une campagne de publicité énergique et qu'elle est connue, elle peut, avant d'en entreprendre une autre, publier des clichés de « rappel » qui ont pour objet d'économiser des frais tout en mettant sous les yeux du public le nom de la maison. Le cliché de « rappel » conserve la clientèle acquise, elle n'augmente pas la clientèle. Il ne faut pas la prolonger trop longtemps comme nous l'avons déjà dit.

L'annonce de rappel indique seulement le nom ou la marque. Exemple : Demandez le chocolat Georges.

Du choix d'un journal. — Ainsi donc lorsque vous avez décidé de faire entrer la publicité parmi vos atouts de réussite et que vous avez compté votre argent, vous optez pour la publicité par la poste ou la publicité par les journaux.

Mais, dès que vous commencez une campagne, si petite soit-elle, il faut que tous les éléments en soient prêts, toutes vos lettres et brochures n'attendant plus que le signal du départ.

Si vous avez résolu de solliciter de la Presse le concours de ses colonnes, il faut qu'avant de publier la première ligne de votre campagne, vous ayez élaboré son plan dans le moindre détail. Votre annonce ou votre série d'annonces successives seront déjà clichées. Vous éprouverez quelque embarras à choisir des journaux. Et ce choix est très important.

Pour les articles de consommation générale et les gros budgets de publicité, l'opération est facile, on prend tous les organes sans distinction et on obtient encore des prix de faveur, mais les petits, qui ne trouvent nulle part aucun encouragement, se débattent au milieu de pénibles hésitations.

Avant de se décider, on doit considérer la nature de la clientèle du journal, le tirage de celui-ci, le prix de la ligne.

Pour les produits de prix moyen, on a toujours intérêt à s'adresser à un journal de fort tirage, lu par tout le monde.

Pourtant le chiffre du tirage n'est pas le seul élément d'appréciation, on est obligé de tenir compte de la valeur et de la capacité d'achat des lecteurs d'un organe. Tel journal qui possède un gros tirage n'a pas de rendement pour la publicité, parce qu'il est lu par une clientèle qui n'achète pas.

Les articles spécialisés ont intérêt à donner leur publicité aux journaux spécialisés. Les écueils pour un débutant sont plus nombreux et plus dangereux dans la publicité par les journaux que dans la publicité par la poste.

CHAPITRE XII

LE LANCEMENT PAR LES ÉCHANTILLONS

« Vous pouvez le goûter », dit le marchand de beurre sur le marché.

Quelle puissance a cet argument, inspiré par l'instinct commercial !

La publicité l'a repris et l'a perfectionné.

Vous voyez donc de bonnes maisons, qui, dans leurs annonces, vous offrent un échantillon de leurs produits. La dépense est grande, mais le rendement est considérable.

Comme mode de lancement, l'offre de l'échantillon est excellente.

Pourtant il ne faut pas que cette offre soit illusoire et l'échantillon de proportions ridicules. Certaines maisons anglaises, pour donner confiance au public, déclarent qu'elles envoient un large échantillon (a liberal sample for trial). Des maisons de vin, en France, sont allées jusqu'à offrir comme échantillon un litre entier. Il est évident que si on goûte plusieurs fois votre échantillon, on est plus à même de l'apprécier, et votre marque revient plusieurs fois à la mémoire.

Voyons comment on procède dans un lancement par échantillons.

Supposons qu'il s'agisse d'une marque de cacao.

Vous commencez par préparer le terrain, c'est-à-dire par faire accepter votre marque par les détaillants, première résistance à vaincre, dont vos voyageurs viendront à bout par la promesse d'une large et prochaine publicité.

Il y a, en France, cent mille épiciers. Il est incontestable que vos voyageurs ne visiteront que les principaux, les grands, plus aptes à accepter une marque nouvelle.

Une fois le premier lot casé, vous commencez la publicité.

Cette publicité comprend deux sections : les journaux de Paris, qui vont partout, et les journaux régionaux à influence locale.

Dans toutes les annonces, vous publiez que vous livrez un échantillon gratuit de la valeur de deux tasses. Mais cet échantillon, vous vous gardez bien de le faire distribuer par les détaillants qui n'ont pas le temps de participer à votre publicité ; vous l'envoyez vous-même sur demande par la poste.

Dans les annonces locales vous donnez le nom des détaillants qui tiennent votre produit.

Les consommateurs, qui ne redoutent pas un essai, s'adressent à leur épicier et lui achètent votre cacao. Les plus timorés vous demandent un échantillon, vous leur envoyez et vous leur faites parvenir en même temps le nom de votre dépositaire le plus voisin de leur domicile, en leur assurant qu'ils trouveront chez lui votre marque.

Si vous recevez une commande d'un consommateur, habitant une localité où vous n'avez aucun dépositaire, vous expédiez et vous chargez votre représentant dans la région d'aller trouver l'épicier le plus susceptible de devenir votre dépositaire, il le prévient de la commande reçue, et lui remet la commission comme s'il avait vendu lui-même la boîte de cacao. Il est probable qu'une telle démarche, qui est un acte de prévenance et de solidarité, sera suivie d'une commande du détaillant.

Il faut, en effet, vous efforcer de créer un trait d'union entre les détaillants et votre maison.

Le détaillant a besoin de se sentir soutenu par le producteur, car souvent il craint que la publicité n'arrive à supprimer son concours. C'est le petit détaillant qui raisonne ainsi.

Peut-être n'entre-t-il pas dans vos intentions de distribuer toujours des échantillons gratuits, vous voulez borner votre sacrifice et votre effort à un nombre déterminé d'échantillons. Dans ce cas n'annoncez pas, comme le font certaines maisons : aujourd'hui seulement, échantillons gratuits.

Fixez un nombre considérable d'échantillons à donner : cent mille par exemple ; rien ne vous empêchera de suspendre pendant un temps pour voir l'effet produit et de reprendre ensuite la distribution par une nouvelle offre de cent mille autres échantillons.

Mais, au lieu de procéder à une distribution momentanée, vous avez intérêt à offrir d'une façon permanente vos échantillons. Il en résulte pour vous une puissance qui compense le sacrifice que vous faites; toutefois, il faut que l'article vendu laisse une marge importante de bénéfice. S'il en était autrement, vous pourriez offrir l'échantillon à prix coûtant, pour décider un essai. Il y a peu de chances, même s'il s'agit d'un article de consommation courante, que les gens se fassent nourrir par vous. D'abord ils n'oseront pas demander plusieurs fois un échantillon, ensuite vous tiendrez des fiches personnelles d'envoi d'échantillon. Vous refuserez poliment une seconde expédition.

Vous ne pensez pas non plus que certaines personnes se serviront du nom de leurs amis pour recevoir plusieurs échantillons. Peu de gens se prêteraient à une pareille combinaison. D'autre part, les amis qui accepteraient semblable proposition, s'intéresseraient au produit capable de susciter de telles machinations et deviendraient des clients.

Quand vous offrez des échantillons pour un produit vendu par un détaillant, vous ne demandez pas au consommateur de vous adresser un bulletin découpé dans le journal. Ce serait lui infliger une peine inutile et augmenter les dimensions de vos annonces. Le contrôle du rendement de la publicité est fait par le chiffre de vente par région.

Si vous employez plusieurs organes de la même région, il vous est impossible de savoir lequel vous fournit le meilleur rendement.

Pour le lancement d'une marque de cacao par échantillons, vous êtes en droit de vous demander par exemple si un journal exclusivement ouvrier peut vous être utile. Les ouvriers ont-ils le temps de préparer du cacao, le matin, avant de se rendre à l'usine. Ne préfèrent-ils pas un déjeuner plus solide? C'est à votre représentant de vous fixer. Peut-être, le dimanche, la mère de famille a-t-elle le loisir de donner aux enfants une tasse de cette nourriture sucrée? Alors le journal exclusivement ouvrier a un rendement six fois moindre, à tirage égal, que le journal bourgeois.

Quand vous vendez un produit par l'intermédiaire des détaillants, vous restez sans action directe sur le consommateur qui vous a écrit pour vous demander un échantillon, mais vous avez dans la main le détaillant. Pour le pousser à la vente de votre produit, vous lui allouez en plus de sa commission, une prime par cent boîtes vendues.

Quant au consommateur qui vous a écrit, vous ne savez pas s'il est devenu un acheteur; impossible de le poursuivre d'une série de lettres de correspondance suivie, mais rien ne vous empêche de lui envoyer chaque année, à l'époque du Jour de l'An, une image ou un calendrier pour vous attacher sa clientèle ou la stimuler.

Si vous lancez par les échantillons un article que vous vendez non plus au moyen de détaillants dépositaires, mais directement par vos propres moyens, vous procédez différemment.

En effet, toutes les demandes d'échantillons que vous recevez prennent pour vous une valeur propre; vous les conservez, vous les classez et vous adressez au client une série de correspondance suivie.

On a toujours intérêt à être soi-même en rapports avec la clientèle. Les commissions que l'on paie aux détaillants dépositaires représentent une grosse somme qui rend plus de service si elle est employée pour développer la publicité.

Toutefois, il est des articles impossibles à vendre directement, telles une marque de cacao, de pâtes alimentaires, tandis qu'une montre, un fusil peuvent se vendre directement.

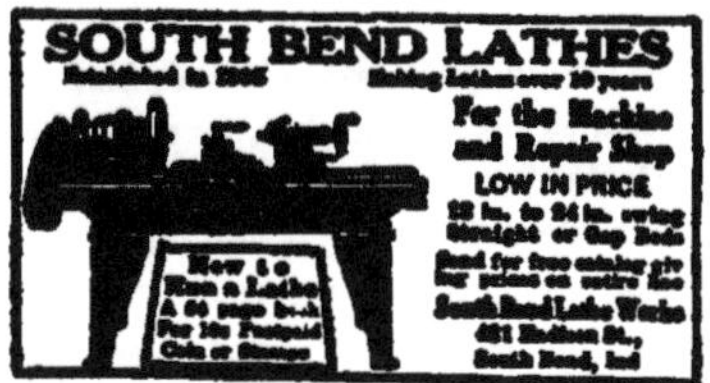

CHAPITRE XIII

LA PUBLICITÉ EXTÉRIEURE

En passant vous lisez vite. — La publicité extérieure comprend : l'affiche, le placard, la pancarte pour les magasins de détaillants, la pancarte pour les tramways, les 'autobus et les chemins de fer.

La destinée de la publicité extérieure est d'être lue vite, il faut donc qu'elle soit très lisible et très frappante.

Mais comme elle s'adresse plus aux yeux qu'à l'esprit, elle est dans l'impossibilité de lancer un produit ou même une maison. Elle ne peut donc jouer que le rôle de publicité de rappel venant compléter les campagnes faites dans les journaux.

Dans cette classe de publicité, c'est l'affiche qui domine, elle est la plus connue, la plus répandue, la plus vue.

Elle se manifeste dans la rue et vise tous ceux qui passent, il est nécessaire qu'elle soit brève et éclatante comme un coup de fusil qui fait retourner toutes les têtes.

D'origine ancienne déjà, elle connut à ses débuts les timides dimensions de trente centimètres sur quarante.

Elle était généralement collée sur un cadre, derrière un grillage protecteur et, la nuit venue, on rabattait sur elle des volets de bois.

Nous étions loin des affiches monstres de Buffalo Bill qui couvraient la façade d'une maison de cinq étages et qui ont détenu en France le record de la taille.

Dans les capitales, les affiches présentent l'inconvénient de devoir atteindre des proportions considérables, pour ne pas être écrasées par leurs voisines.

Pour être vues, il faut qu'elles soient placées dans des endroits très passants, où les emplacements libres appartiennent à des sociétés d'affichage qui les louent aux annonceurs. Si l'affiche n'a pas une place bien déterminée par contrat, elle risque fort d'être recouverte le lendemain ou d'aller loger dans une impasse favorable aux ébats des chats maraudeurs.

A cause de ses dimensions, de l'emplacement réservé qui lui convient, à cause des droits de timbre qui la frappent, l'affiche qui ne saurait être souvent qu'une publicité de complément, revient cher.

Pour un produit connu et, comme prolongement d'un gros budget de publicité, elle a de la valeur.

Le chocolat *Menier*, par exemple, ne pourrait se passer de cette publicité murale, qui est la gloire de tous nos villages.

L'affiche a ses lois. — L'affiche a surtout pour objet de faire connaître un événement éphémère. La petite affiche manuscrite que l'on colle sur les murs pour annoncer qu'on a perdu un chien bien-aimé est le type naissant de cette publicité. L'imprimerie l'a amplifié et magnifié. Mais l'esprit reste le même.

Donc l'affiche s'applique parfaitement à la réclame des expositions, des exhibitions, des voyages à prix réduits.

L'affiche obéit aux mêmes lois de composition que l'annonce : elle doit montrer ce que l'on veut vendre et donner envie de l'acheter.

Pour qu'elle se voie de loin, elle a besoin d'être très simple ; pour qu'elle se détache dans l'atmosphère grise des villes, elle a besoin d'être de couleur vive et capable de résistance aux intempéries.

L'affiche est donc illustrée et son dessin doit être en rapport direct avec le produit.

On fait aussi des affiches tout en texte, comme on fait dans les journaux des annonces sans dessin.

Mais l'affiche non illustrée est beaucoup moins attractive. Pour arriver à être remarquée, elle se développe sur des proportions énormes.

Les plus jolies affiches illustrées sont généralement les moins bonnes, parce qu'elles manquent de sens utilitaire. Cela ne veut pas dire qu'il faut faire de vilaines affiches, cela veut dire qu'il faut faire des affiches pratiques, commerciales.

Une affiche doit rester une affiche et ne pas être une estampe, une gravure, ou un morceau de concours pour le prix de Rome.

L'allégorie est un piège dans lequel tombent facilement les artistes. Les affiches allégoriques sont les pires.

Les gens froidement raisonnables reconnaîtront volontiers que peindre une belle femme demi-nue pour démontrer les avantages d'un moteur à pétrole, c'est s'offrir une fantaisie, coûteuse pour l'annonceur.

La publicité par l'affiche ne peut avoir pour objet d'amuser les yeux des badauds ou de dilater leur âme, son rôle est de faire acheter une marque au détriment d'une autre ou de lancer une affaire.

Plusieurs fois des journaux ont essayé d'obtenir, par un concours entre les artistes, la meilleure maquette d'affiche. Ces concours n'ont pas donné les résultats qu'on espérait.

Le prix fut accordé à une affiche qui, pour assurer la publicité d'un journal, représentait une jolie dame lisant ledit journal dans le cadre d'un agréable paysage. Une affiche de ce genre tirée à plusieurs milliers d'exemplaires n'eut aucun succès auprès du public, tandis qu'une affiche assez vulgaire, mais très vivante, montrant des hommes de toutes les classes se précipitant vers un camelot pour lui arracher ses gazettes, fit monter la vente du journal.

Par contre, on cite le cas d'un fabricant de savon, un Anglais multi-millionnaire, qui obtient un gros succès, en commandant pour 55 000 francs, à un grand peintre, un tableau qu'il fit reproduire en affiche. Ce tableau représentait un enfant qui lançait des bulles de savon avec une paille. Le sujet était assez lointain du produit industriel. Mais il faut remarquer qu'il s'agissait d'une manufacture puissamment riche et d'un produit connu depuis des années. On peut ajouter aussi que le prix payé pour le tableau et divulgué avec grand soin ne fut pas pour rien dans ce succès.

Une maison moins notoire, qui voudrait compléter par une affiche une publicité pour la vente d'un savon, aurait tout avantage à montrer au passant une accorte ménagère faisant joyeusement sa lessive avec ledit savon.

L'affiche, ornement de nos rues, ne saurait convenir à un produit qui n'est pas d'usage populaire. Le savon, la chicorée, une machine à coudre, s'accommodent de l'affiche; une maison de mode, de couture, un restaurant élégant perdraient de leur renommée à ce mode de publicité.

L'affiche a besoin d'être rédigée avec beaucoup de concision et de simplicité : le nom du produit, une phrase explicative, une adresse et c'est tout.

Comme elle agit par la suggestion que provoque la répétition d'un nom, elle s'accommode admirablement des phrases à allure de dictons qui frappent l'esprit et s'y enfoncent pour toujours, comme : « Le pneu *Michelin* boit l'obstacle ».

En général, il faut ajouter une phrase, sur une affiche, au nom du produit, celui-ci seul ne suffit pas pour éveiller l'attention, il vaut mieux créer une association d'idées entre le nom du produit et une de ses qualités.

Par exemple, au lieu de rédiger une affiche ainsi qu'il suit : « Bière *Fritz*. Dans tous les cafés. »

Il vaut mieux argumenter la même idée et dire : « Un bon bock. La bière *Fritz*. Elle désaltère. Servie dans tous les cafés. »

Pour être concise, une affiche n'en doit pas moins être vivante. Dans toute votre publicité, créez de la vie, vous engendrerez le succès.

Au long des chemins. — Les immenses placards qu'on trouve le long des voies ferrées et au bord des routes sont des filiales de l'affiche. Leur rédaction, leur dessin dépendent des mêmes lois.

Le dessin doit même être encore plus simple que celui des affiches, car il est exécuté sur bois ou métal par la main d'artisans.

Il est recommandé de montrer dans ce dessin des objets plutôt que des figures. La distance rend celles-ci confuses.

.Le placard sur la voie ferrée est mieux placé à l'endroit où les trains ralentissent.

Les panneaux qui s'érigent à l'entrée d'une ville, sur la voie ou sur la route, sont d'une bonne publicité.

Il y a intérêt à les rédiger, eux aussi, d'une façon vivante.

Ainsi tout le monde reconnaîtra qu'il est d'un heureux effet pour un grand magasin de mettre un placard à l'endroit où passent les gens de la campagne pour se rendre dans la ville.

Quand les villageois viennent à la cité, ils y font presque toujours des achats. Il est d'une excellente politique de rappeler à leur souvenir un grand magasin.

Mais beaucoup d'annonceurs, fiers de la notoriété de leur maison, se contenteront d'inscrire sur une gigantesque surface cette phrase morte : « Grands Magasins du Bon Laboureur, 27, rue Sainte-Croix ».

Il est préférable de rédiger ainsi :

« Vous y trouverez tout ce qu'il vous faut. — Grands Magasins du Bon Laboureur, 27, rue Sainte-Croix. — Habillement. Ménage. Outils. »

Vous donnez alors l'idée de venir chez vous à des gens qui pensaient s'adresser à des maisons de spécialités.

Sur une route, au lieu de planter de froids placards avec ces mots, que l'intéressé croit prestigieux :

« Amer Tavernier. »

Écrivez :

« Villebon, 500 mètres encore. Au premier café, demandez un Amer Tavernier, très désaltérant et réconfortant. »

Pour obtenir le succès, faites circuler un sang généreux dans tous les organes de la publicité.

Les pancartes. — Elles sont les petites filles des affiches et des placards. Leurs dimensions modestes permettent de les placer sur les parois et les murs intérieurs, chez les détaillants et dans les voitures publiques.

Elles appartiennent à l'ordre de la publicité générale et sont le complément infime de tous les autres genres de publicité.

Elles doivent être simples, mais, à cause de leurs proportions exiguës, il est difficile de les rendre visibles. On recommande toutefois de n'y pas mettre de lettres dorées ou argentées que leurs reflets empêchent d'être bien lues.

Posées chez les détaillants, les pancartes ont pour objet de rappeler le nom d'un produit, au moment où le client va faire un achat. S'il hésite ou se montre embarrassé dans son choix, elles lui donnent une indication.

On peut objecter à ces arguments que la ménagère qui va, par exemple, chez l'épicier, est souvent pressée, qu'elle n'a guère le temps de lire les murs de la boutique. D'autre part, il lui semble préférable de porter son attention sur les balances plutôt qu'ailleurs. En outre, si elle n'a pas fixé son choix, elle consultera le vendeur qui lui recommandera l'article sur lequel il perçoit le plus grand bénéfice.

La plus grosse difficulté consiste à faire accepter ces pancartes par les détaillants, qui n'aiment pas à convertir leur magasin en un musée.

Les détaillants de la campagne reçoivent avec plaisir ces pancartes, quand elles sont taillées dans un métal résistant ;

mais ils s'en servent parfois pour faire des toitures de cabanes à lapins.

Dans les cafés, les pancartes rappellent, quelquefois à propos, un liquide aux buveurs qui veulent varier leurs dégustations.

Elles sont toutes mal rédigées. Elles montrent une bouteille et annoncent un nom. C'est insuffisant. Elles devraient agir par suggestion directe, au moyen d'une phrase impérative ou insinueuse comme : « Garçon, un Amer Tavernier. »

« Prenez donc un Amer Tavernier. »

« Il est l'heure de commander un Amer Tavernier. »

Le dessin qui les orne pourrait facilement sortir de la banalité qui les unifie toutes dans la même détresse d'imagination.

Les pancartes placées dans les voitures publiques ont un meilleur destin. Si elles sont bien éclairées et lisiblement imprimées, elles forment, surtout pour la publicité locale, un bon appoint à un budget de publicité qui consacre des fonds aux autres formes de la réclame.

Tous ceux qui voyagent ne lisent pas leur journal et ne regardent pas tout le temps par la fenêtre, il arrive un moment où leur regard se pose sur les parois des voitures et lit les pancartes.

Pourtant, la publicité que se fait à Londres sur les côtés extérieurs des autobus et des tramways vaut mieux que la publicité intérieure que nous faisons exclusivement dans nos voitures de transport en commun.

Il est facile de comprendre qu'elle est vue par un plus grand nombre de personnes.

Toutes les lois qui régissent l'affiche s'appliquent avec plus de rigueur encore à ses filiales. parce qu'elles sont de moindre dimensions.

CHAPITRE XIV

DES AUTRES MODES DE PUBLICITÉ

La politesse des employés et leur amabilité sont aussi des modes de publicité. Les acheteurs reviennent dans un magasin où ils ont été bien reçus.

La vitrine est un moyen de publicité dont les commerçants ne tirent pas toujours le maximum de rendement. L'exposition, l'étalage même ingénieux des articles ne suffisent pas.

Il faut appeler à la rescousse les effets de lumière et le mouvement.

Une étoffe que déroule un petit appareil électrique produit plus d'effet qu'une étoffe immobile dans ses plis. Des figures de cire, groupées dans une scène, au milieu d'un certain décor, mettent mieux en valeur des robes que les mannequins.

On fait de jolies choses déjà, on peut en faire de plus jolies encore, en donnant plus de vérité à ces scènes.

En Amérique hardiment, à Paris timidement, des commerçants ont placé des modèles vivants dans leur vitrine.

Dans une ville des États-Unis, un boutiquier eut l'idée de mettre à la devanture de sa maison des tortues vivantes. Chacune d'elle portait une lettre peinte sur le dos. Un dollar de récompense était alloué au premier badaud qui annonçait le mot usuel formé par le rapprochement des tortues. Cette publicité animée peut être excellente, mais pour quel genre de commerce?

Vous concevez qu'une telle publicité n'a d'attrait que pour une clientèle populaire. Un tailleur ou un cordonnier qui l'emploierait commettrait une absurdité. Par contre elle serait merveil-

leuse pour un marchand de tortues, excellente pour un restaurateur servant de la soupe à la tortue, bonne encore pour un
marchand de cigares ou de casquettes à vingt-neuf sous. Ce n'est
pas tout de faire remarquer sa vitrine, il est encore nécessaire
de faire entrer les gens dans le magasin. La meilleure publicité
de vitrine, même animée doit être adéquate aux articles vendus.
Lorsque ces articles sont très bon marché ou sont des articles
de fantaisie, le rapport entre eux et la publicité peut être un peu
moins étroit.

Paris a l'avantage sur toutes les autres villes du monde d'offrir
aux promeneurs les plus jolis étalages.

La lumière constitue un mode de publicité de premier ordre.
Pourquoi tant de commerçants se montrent-ils avares d'éclairage?
La dépense? Mais tout effort débute par des frais. La naissance
elle-même est une dépense.

La distribution d'objets. — Les débitants de vin ne passent
pas pour des gens qui aiment la publicité. Pourtant lorsque l'un
d'eux ouvre un comptoir, il affiche ceci : Prime à tout consommateur.

Ou bien : On emporte son verre.

C'est là de la publicité par l'objet.

Des maisons importantes y ont recours, mais il faut faire attention à ce qu'on distribue et à la manière dont on le distribue.

Seuls des objets bien fabriqués ont chance de plaire aux clients.
Des marques de produits pharmaceutiques adressent aux médecins des objets qui leur coûtent cher, mais qui se conservent, par
exemple, un presse-papier contenant une montre de bureau. Qui
ose jeter un tel cadeau?

Le meilleur moyen de faire parvenir un objet-réclame aux personnes que l'on vise est de le distribuer soi-même.

Une maison de gros qui compte, pour cette répartition, sur les
détaillants, commet une erreur.

Certaines marques ont évité cet inconvénient en plaçant dans
chaque paquet de marchandise un ticket-prime; un nombre déterminé de ceux-ci sont échangés au siège de la maison contre un
objet qui va ainsi au consommateur.

D'autres marques ont adopté l'objet-réclame, non plus pour le
consommateur, mais pour le détaillant. Des maisons de liquides
offrent aux débitants un bon portefeuille ou un élégant couteau.

Pour que l'objet-réclame fasse plaisir, il est bon qu'il ne montre pas étalé d'une manière ostensible la marque de la maison. Dissimulée dans un coin, elle suffit à rappeler le donateur; on lui sait gré de sa discrétion et on emploie l'objet. La marque, énorme, dépare-t-elle l'objet, celui-ci prend le chemin d'un tiroir qu'on n'ouvre jamais. Peu de personnes en effet tiennent à servir d'hommes-sandwichs bénévoles pour une maison de commerce.

La publicité par l'objet est de second ordre. Employée seule, elle est impuissante à lancer une marque.

Ainsi donc, il doit vous apparaître maintenant d'une manière indiscutable que la publicité est indispensable au commerce.

Elle seule lui permet de se développer. La publicité se trouve en rapports directs avec la prospérité et la vigueur économique des États. A l'intérieur comme à l'extérieur, elle est le plus puissant agent de conquête d'un marché.

Nous avons vu en France une foule de produits étrangers s'imposer à la consommation par la publicité intelligente qu'ils ont faite. Lorsque nos producteurs ont essayé de réagir, il était trop tard. Le public était conquis. Allons-nous continuer à vivre dans la vassalité?

Pour puissante qu'elle soit, la publicité obéit à la main de l'homme, ce n'est pas une force surnaturelle. Loin de là, c'est une force domestiquée soumise aux lois que nous avons exposées. Elle est docile, elle est précise aussi et n'entre pas en action au hasard.

Elle exige un effort, mais la vie n'est qu'une série d'efforts et l'effort est la joie de la vie.

La publicité fonctionne selon une méthode nettement établie. Cette méthode n'est pas difficile à connaître, vous venez d'en juger, encore faut-il se donner la peine de l'apprendre.

Quoi que disent, quoi que fassent les réfractaires, la publicité triomphera en France de la routine. Elle pénétrera dans nos habitudes comme l'étude des langues vivantes et l'usage de la machine à écrire y ont pénétré, avec vingt ans de retard. Mais son règne est assuré.

Elle sera la plus forte machine de guerre du temps de paix.

Ce livre, résumé d'une longue expérience et d'études spéciales, est le manuel de balistique de cette formidable machine. Serez-vous le dernier à vous servir de l'arme que nous vous offrons.

Prenez garde, si la publicité permet de gagner de l'avance facilement, elle exige de grands sacrifices pour rattraper un retard.

Mettez-vous à l'œuvre aujourd'hui, prélevez une part de votre capital ou de vos bénéfices en faveur d'un budget de publicité. Il vous rapportera plus que la souscription à ces emprunts étrangers qui ont procuré à vos concurrents les moyens de faire contre vous une publicité fructueuse.

CHAPITRE XV

LA PROPAGANDE POUR LA PATRIE

Il est une publicité d'un ordre supérieur, celle qui concerne le développement d'une idée, la prospérité d'un territoire ou d'une patrie. Elle a nom : propagande. Si l'on veut bien se rappeler qu'il ne faut pas confondre avec la réclame charlatanesque la publicité sérieuse et loyale dont nous avons fait connaître les lois, on comprend sans peine que cette publicité sacrée des idées qu'est la propagande doit s'établir suivant les règles de la publicité commerciale.

Elle a un objet identique : la diffusion. Les moyens qu'elle emploie découlent des mêmes principes. Le but à atteindre est semblable : créer dans un certain public une sympathie fructueuse.

Les procédés pratiques dont se sert la propagande sont ceux que nous avons indiqués pour la publicité commerciale ou industrielle : l'annonce, l'article, l'écho, la circulaire, la brochure, l'affiche et le journal créé spécialement.

Qu'elles s'appliquent au lancement d'un produit commercial ou d'une idée, annonces, affiches, brochures, circulaires, notes dans les journaux se rédigent suivant les règles que nous avons données, c'est-à-dire avec des arguments, alors que souvent, lorsqu'il s'agit d'exposer des idées, on se contente de grouper des mots et des phrases dans une enveloppe de style pompeusement vague.

Tout le monde a vu les très belles affiches éditées par le gouvernement britannique pour provoquer l'enthousiasme autour de l'enrôlement militaire. Les journaux anglais ont publié des annonces en faveur de la même idée.

En temps de paix, le Commissariat général du Canada fait insérer de petites annonces dans les feuilles françaises pour amener des colons sur les vastes territoires vides du pays. Il distribue des cartes et des brochures à tous ceux qui les lui demandent. En somme, une propagande importante est organisée pour attirer l'attention sur le pays.

Cette remarque, nous amène naturellement à dire ce que doit être la propagande faite par une Nation.

D'abord il faut poser en principe qu'un pays est obligé, tout comme une industrie, de se livrer à une publicité intense pour défendre son influence contre celle des pays concurrents.

Chaque pays qui veut vivre et prospérer devrait être doté d'un bureau de la propagande.

Comme la propagande organisée par un État est de longue haleine, la brochure et l'affiche, agents d'une publicité brusque, immédiate, portant surtout sur un fait déterminé, ne lui conviennent pas d'une façon générale. On peut les réserver pour certaines circonstances seulement.

La lettre envoyée à domicile paraîtrait, en bien des cas, une provocation grossière.

L'article publié dans un grand organe du pays étranger que l'on veut prospecter offre des inconvénients. D'abord il doit se faire accepter par un directeur qui a peut-être d'autres soucis.

Une propagande effectuée dans une feuille dont on n'a pas la propriété reste flottante et incertaine. Elle est exposée aux caprices des amitiés et des intérêts.

Les agences de presse qui communiquent aux journaux des informations, que l'on a soin de placer dans un sens légèrement tendancieux et favorable à la propagande, ont besoin, elles aussi, de l'hospitalité cordiale des gazettes. Elles demeurent vouées aux mêmes hasards que les articles.

D'autre part, une information, forcément sans commentaire, laisse souvent indifférent le public. Elle est menue et risque de passer inaperçue.

Au contraire, deux moyens de publicité et de propagande apparaissent comme des agents de premier ordre : le journal et le magazine créés spécialement pour la propagande.

Encore faut-il prendre soin de les rédiger et de les présenter de telle manière qu'on ne puisse les considérer comme des prospectus.

A un tel projet on objectera la dépense qu'il nécessiterait. Mais il apparaît que les sommes employées le seront surtout comme fonds de premier établissement, car un journal qui a mission d'être un organe de propagande doit devenir assez intéressant comme lecture pour pouvoir vivre par sa publicité et sa clientèle d'acheteurs. Il se compose d'une partie française et d'une partie locale de manière à être complet et accessible à tous. Il est indispensable d'ajouter une remarque, si naïve puisse-t-elle sembler : un organe de propagande a besoin d'être écrit dans la langue du pays auquel il est destiné. Jusqu'ici on a fait le contraire. On a tenté de publier des journaux de propagande française; mais ils étaient rédigés en français.

Écrire en français un journal de propagande pour les États-Unis ou pour la Russie, ce n'est qu'une grimace qui ne fait même pas sourire.

Le bureau de rédaction d'un journal à l'étranger devient vite un centre de propagande qui peut organiser des conférences, des représentations, des expositions. Il est pour la pensée française, pour la politique française, pour le tourisme français ce que doit être pour le commerce d'exportation le cabinet d'échantillons que toute Chambre de commerce à l'étranger est obligée d'annexer à ses bureaux.

Un journal de propagande est complété heureusement par un supplément mensuel ou bi-mensuel formé d'articles-magazine.

Les articles du supplément sont expédiés de France et traduits sur place. Ils sont marqués au coin de la Mère Patrie. Il est possible aussi de concevoir un organisme central fonctionnant à Paris pour éditer, chacune, dans la langue qui convient, les différentes séries des suppléments et les expédier. Il s'agit d'examiner si au point de vue économie et succès il vaut mieux publier chaque magazine dans son pays de prospection ou fabriquer toutes les éditions à Paris pour les diriger ensuite par ballots sur les bureaux de distribution à l'étranger.

Mais, là encore, chaque publication doit être faite dans la langue de la nation où elle se diffusera. Le français est une mauvaise langue pour faire de la propagande française. Si vous voulez qu'on vous écoute, faites d'abord qu'on vous comprenne. Parlez, écrivez la langue des autres au lieu de clamer toujours que le français est le plus beau des langages.

Accrochez dans le magasin des vieux décors et des perruques défraîchies cette vanité, cette satisfaction de soi, à cause desquelles un citoyen français, bien doué, fait souvent mauvaise figure....

La propagande pratiquée par une nation doit demeurer inlassable. Comme la publicité, dont elle est la synthèse la plus noble, elle vit de l'actualité immédiate.

L'action du journal et du magazine se double avec succès de fêtes, de banquets offerts en des occasions propices.

Il est bon de se souvenir aussi qu'un journal de propagande à l'étranger est le véhicule naturel de la publicité du commerce national. Il est de toutes les façons un centre des intérêts français. Il sert d'agent de distribution pour les tracts et brochures que les compagnies de chemin de fer, que les syndicats d'initiative publient ou doivent publier dans les différentes langues.

En un mot, il est le journal et la publicité vivante de la Patrie.

CHAPITRE XVI

LA PROPAGANDE POUR UN JOURNAL

Si le journal est une formidable machine à publicité et à propagande, il a besoin lui-même de faire de la publicité pour s'attirer une clientèle.

Voyons rapidement comment on procède à la publicité d'une machine à publicité.

Lorsqu'un quarteron de vieilles-barbes ou d'éphèbes se réunissent autour d'un tronc dans lequel un généreux philanthrope ou un ambitieux pressé a laissé tomber un chèque de 200 000 francs pour créer un journal, ils commettent généralement la faute de faire un organe pour eux et leurs amis.

Chacun y déverse une prose qu'il admire et des pensées qu'il croit définitives.

Lorsque les 200 000 francs sont dissipés, on se sépare, mécontent les uns des autres.

Que s'est-il donc passé? Le journal n'était pas plus mal rédigé qu'un autre et pourtant le public ne l'a pas acheté. Il est arrivé ceci que la maison comprenait des professeurs, des pédagogues, des tribuns, des hommes illustres dans leur canton ou leur paroisse, mais pas un chef de propagande.

Un journal doit être lancé de même que n'importe quel autre produit industriel.

Le lancement est plus difficile et plus délicat. Un dentifrice peut, à l'aide d'affiches et d'annonces, parvenir à supplanter un autre dentifrice. Mais un journal fraîchement éclos ne pourra prendre sa place au soleil que s'il apporte au public un véritable attrait.

Il le trouvera soit dans la présentation d'un programme particulier répondant à un besoin, soit dans une disposition typographique inédite, soit dans les multiples circonstances qui naissent du heurt des intérêts économiques ou politiques.

Le premier numéro d'un journal obtient toujours un succès de curiosité; mais, à partir du cinquième numéro, la feuille tombe dans l'indifférence si elle ne sait pas lutter contre l'apathie du public.

Que de feuilles ont été moissonnées ainsi dans le printemps de leurs espérances!

Les journaux qui ont obtenu des tirages formidables, si on les compare à ceux d'il y a trente ans, les doivent non seulement au développement de leurs informations, mais à la puissance de la propagande qu'ils n'ont cessé de faire.

Le plus gros tirage atteint jusqu'à ce jour par un journal français est : 2 millions d'exemplaires.

Un organe dont le succès repose sur la renommée d'un leader ne dépasse guère 150 000 exemplaires, en temps normal.

Le public montre donc de plus en plus de goût pour le journal d'informations.

Cela ne signifie pas qu'un journal d'informations ne doit pas avoir de tendances, cela ne doit pas le condamner à la pâleur perpétuelle.

Pour qu'une feuille soit vraiment vivante, il faut qu'elle soit complète et que la curiosité de tout le monde y trouve sa pâture.

Pour l'homme : des articles politiques, économiques, commerciaux, sociologiques, artistiques, des informations étrangères; pour la femme : des faits divers, des romans, des chroniques de mode, de théâtre; pour tous les deux : des informations parisiennes, des échos, des articulets bien tournés, des compte rendus de tribunaux. Pour les jeunes gens, pour les enfants : des pages spéciales.

Au regard de cette formule, il n'apparaît pas qu'il existe un journal français qui soit complet. Chacune de nos feuilles s'est choisi une spécialité. Néanmoins la Presse, en l'espace de quarante ans, est devenue une grande industrie dont les budgets reposent sur des millions et un grand journal d'informations occupe, rien qu'à Paris, de mille à quinze cents personnes dont une centaine de rédacteurs seulement qui permettent au reste du personnel de vivre et à la maison de prospérer.

La première des conditions pour qu'un organe se développe, c'est qu'il soit intéressant dans ses grandes lignes et dans les particularités qui touchent les groupements. A la grande information des faits, à l'exposé des idées se joint la petite information des intérêts corporatifs ou professionnels, à côté des débats du Parlement se niche le compte rendu d'une société de mutualité.

Lorsque le journal est fait, même s'il est bien fait, il faut inciter le public à l'acheter. Ici intervient, comme en toute autre entreprise, l'effort de la publicité et de la propagande.

Une série d'affiches et d'annonces répandent les promesses du premier numéro. Ensuite la lutte se montre plus âpre.

Jadis un feuilleton palpitant suffisait à garder le lecteur jusqu'au dénoûment du drame, mais on a abusé du frisson. Si le plus extraordinaire des romans a encore le pouvoir d'élever le tirage d'un journal déjà connu, il est incapable à lui seul de lancer une feuille nouvelle. Toutefois, il représente une part d'attraction qu'on n'a pas le droit de négliger et qu'il convient d'incorporer aux autres chances de succès.

Au demeurant le roman-feuilleton a été détrôné par le roman-cinéma.

A côté de l'intérêt de lecture que présente un journal bien fait, un bon administrateur, vigilant chef de la propagande, est contraint d'offrir un intérêt personnel à ses lecteurs, ce sont par exemple le remboursement de l'abonnement au moyen de primes dans les grands magasins, une réduction de prix sur certaines fournitures, ou bien une assurance sur la vie, une assurance contre les accidents.

Les circonstances et les événements trouvent dans son intelligence une application pratique visant le développement de son journal. Il organise des fêtes, des manifestations qui forcent le public à s'occuper de la feuille qu'il régit. Un journal doit certes parler de tout, mais il doit aussi faire parler de lui.

Une chose nouvelle est découverte, il s'empare d'elle pour en donner publiquement une démonstration. Le professeur Georges Claude a trouvé le moyen de liquéfier l'air, un journal convoque aussitôt ses lecteurs à assister, dans une réunion monstre, à des expériences. L'aéroplane sort du domaine du rêve, un chef de propagande lance un raid d'avions à travers l'Europe.

Chaque événement devient, pour ainsi dire, un écran sur lequel on projette la publicité du journal.

La propagande à faire pour un journal est plus difficile que la publicité qui procure sa vogue à un produit industriel, car la vente d'une feuille se montre très capricieuse.

Alors que le placement d'un produit de consommation générale évolue par stades selon un coefficient qui dépend de la qualité de la publicité, la vente d'un journal procède par sauts brusques, à telles enseignes que pour parer à une augmentation non prévue, on tire presque toujours les numéros dans une proportion de 20 p. 100 supérieure à la demande réelle. De cette façon, on ne manque pas le supplément de vente qu'apporte un événement ou une circonstance inattendus. Quand la vente reste normale, ces 20 p. 100 représentent un déchet.

La diffusion d'un journal est chose si fragile qu'une fausse manœuvre la compromet en un rien de temps. Le tirage d'un organe a baissé en quinze jours de 80 000 exemplaires, à la suite d'une campagne peu goûtée.

Mais un lancement de roman-cinéma a fait monter la vente du même journal de plusieurs centaines de mille.

On voit par là quelle cohésion doit exister dans une grande feuille entre les services de rédaction et les services administratifs. Et un administrateur ou un chef de propagande qui ne serait pas journaliste en même temps qu'homme d'action risquerait de rompre cette harmonie d'où sort le succès.

Tandis que joue cette vaste propagande, qui exige un esprit sans cesse en éveil, cette propagande qui s'accroche à tous les événements pour en tirer parti, la publicité courante va aussi son chemin. Ce sont des brochures, des tracts, des programmes que l'on édite pour mieux faire connaître les différents services du journal, placer en lumière les avantages qu'il offre, rappeler ses triomphes dans le domaine du reportage, l'exactitude de ses dépêches, la rapidité de son information, l'indépendance de son attitude, la loyauté de sa tactique.

Cet effort de propagande se double des efforts quotidiens de l'information. On a des correspondants dans toutes les grandes villes du globe. Des services qui travaillent toute la nuit. Un bataillon de reporters diligents qui bourdonnent autour de la moindre actualité, des guetteurs dans les couloirs des ministères, tout un réseau d'yeux et d'oreilles qui se tend sur l'Univers.

Pour ceux qui font fonctionner cette formidable machine de publicité, il n'y a ni jour, ni nuit, ni dimanches, ni fêtes, chaque heure apporte sa tâche et la tâche se déroule sans fin.

Tel est un journal, la machine d'une puissance incalculable que l'outillage de la vie moderne place à portée de la main des industriels et des commerçants qui savent regarder au delà de leur comptoir.

Son activité emplit le monde du frémissement de son labeur. Et pourtant il y a encore des hommes qui ne savent pas voir l'œuvre accomplie et le travail qui reste à faire.

Faut-il répéter encore que la peur de l'effort et de l'initiative rend aveugles des clairvoyants et enlize dans la théorie ceux que l'action appelle?

Alors qu'une aube plus fraîche va se lever, doit-on dire encore que nous avons une conception désuète de la vie et que le repos envisagé au bout d'une carrière aussi brève que possible, que le repos n'est pas la récompense du travail, mais la déchéance d'une vie qui va s'éteindre. Le repos c'est la condamnation d'un homme qui s'avoue vaincu, c'est l'antichambre de la mort.

Celui qui travaille avec méthode sent ses forces croître à mesure que lui vient l'expérience de l'âge. La fatigue souvent est une intoxication que produit l'oisiveté ou l'agitation.

L'homme qui renonce à l'effort renonce à la vie.

Qui, maintenant, après les jours de sublime épopée que nous avons vécu ne se sentira pas la force de consacrer son existence au travail, source de toute félicité? Et qui ne tentera pas de sacrifier les habitudes de jadis qui ont fait, à certaines heures, notre faiblesse?

FIN

TABLE DES MATIÈRES

125-19. — Coulommiers. Imp. Paul BRODARD. — 5-19.

www.ingramcontent.com/pod-product-compliance
Ingram Content Group UK Ltd.
Pitfield, Milton Keynes, MK11 3LW, UK
UKHW022034070726
13613UKWH00002B/524